文例・事例でわかる

施設ケアプランの書き方

具体的な表現のヒント

著 阿部 充宏

中央法規

施設で活躍するケアマネジャーのみなさんへ

今まで何年にもわたり「施設向けの書籍を作成してほしい」というリクエストをいただいておりました。長らくお待たせしましたが、施設ケアプランに特化した書籍が完成しました。

今、本書を手にとっているみなさんは「ケアプランの書き方が難しい」「自分のつくっているケアプランが本当に正しいかどうか不安…」などケアプランの書き方について悩んだり、困ったりしている人が多いと思います。なかには、ケアプランの書き方を学ぶ機会がなく、自己流で何年も作成してきて今さら人に聞けない、なんて思っているベテランケアマネジャーもいるのではないでしょうか。

まずは、基本に戻り「ケアプランとは何か」について考えてみましょう。施設サービスの目的として、運営基準では介護老人福祉施設を例にすると「指定介護老人福祉施設は、施設サービス計画に基づき、可能な限り、居宅における生活への復帰を念頭に置いて、入浴、排せつ、食事等の介護、相談及び援助、社会生活上の便宜の供与その他の日常生活上の世話、機能訓練、健康管理及び療養上の世話を行うことにより、入所者がその有する能力に応じ自立した日常生活を営むことができるようにすることを目指すものでなければならない」と定められています。

すなわち、施設ケアプランは、「入居者（利用者）の有する能力に応じた自立した日常生活を営むことができるようにする」ものであると考えられます。それは、おそらくみなさんが日々実践している「入居者（利用者）の生活への思いに寄り添い、一人ひとりが望む暮らしを実現できるよう支援する」「適正なケアマネジメントを実施する」というケアマネジャーとしての基本と重なることと思います。

介護保険制度を振り返ってみると、ケアマネジメントの大きな動きとして、2012（平成24）年3月～12月まで厚生労働省に「介護支援専門員の資質向上と今後のあり方検討会」が設置され議論されたことは、記憶に新しいものであり、現在まで影響を及ぼしているといえます。ただ、その議論内容は、ケアマネジメントの「実績や価値」というよりは、ケアマネジメントの「課題」の抽出と対策が大きく取り上げられたものとなり、現任者たちは「ケアマネジャーは課題だらけなのか」と残念に感じたものでした。この検討会によって、「課題整理総括表」や「研修カリキュラムの大幅な見直し」などが生まれ、保険者によるケアプラン点検の推進等も位置づけられました。そのなかで施設ケアマネジメントに関するテーマも含まれましたが、具体的な検討が行われることはありませんでした。

筆者の所属する『介護の未来』では、複数の市町村からケアプラン点検を受託し、丸6年間ケアプラン点検を行ってきました。もちろん施設サービス等（介護老人福祉施設（特別養護老人ホーム）・介護老人保健施設・特定施設入居者生活介護（介護付き有料老人ホーム）・認知症対応型共同生活介護（グループホーム））も含みます。

筆者は、ケアプラン点検を「課題ばかりのケアマネジャーに対して指導する場」ではなく「ケアマネジャーが正当に適正に仕事をしていることを一緒に証明する場」であると考えます。ケアプラン点検は、悪いところ・できていないところを見つけて指摘することが目的なのではなく、適正であるために必要な情報や状況を把握し、ケアプランのよりよい表記をともに探し、気づきを広げていくことが目的なのだと思います。

年間350名以上のケアマネジャーと面談形式でケアプラン点検を行うなかで、質疑応答形式で各ケースの確認を実施しますが、時にケアマネジメントの方法等について質問することもあります。例えば、「ケアプランの書き方は誰に指導を受けてこられたのですか？」と質問すると、多くの人から「見よう見まねでやってきた」「同僚の施設ケアマネジャー」「誰かに指導を受けてきたことはない」といった答えが返ってきます。とりわけ、施設ケアマネジャーが複数いることは少なく、施設に1人だけのケアマネジャーとして、孤軍奮闘しているという方々に出会ってきました。

では、ケアプランの書き方等について、国が示した通知としては何があるかご存知ですか。発出されているものとして、厚生労働省が定めたケアプランの様式と記載要領について説明した「介護サービス計画書の様式及び課題分析標準項目について」という通知があります。ただし、第1表～第3表の標準様式等は1999（平成11）年11月12日に提示されてから、ほとんど変わっていません（当該通知の最終改正は、2008（平成20）年7月29日です）。

なお、当該通知には「様式及び項目は介護サービス計画の適切な作成等を担保すべく標準例として提示するものであり、当該様式以外の様式等の使用を拘束する趣旨のものではない」ことも記載されています。入居者（利用者）や家族、専門職はもちろん、第三者から提出を求められた場合でも「妥当と判断されるケアマネジメントプロセス」を実践していくために、不安や曖昧さを抱えながら行っている日々のケアプランの作成について、一度問い直し、立ち止まって考えてみてもよい時期にきているのだと思います。

そこで本書では、筆者が今まで行ってきた約 2500 事例以上のケアプラン点検の結果を集積・分析するなかでみえてきた「こうすればもっとよくなる」「こんな表現だと入居者（利用者）の状態がよく伝わる」といったケアプランの書き方におけるエッセンスをお伝えしたいと思います。同時に、実際のケアプラン点検のなかで目立った「よくあるわかりにくい書き方」を共有し、わかりにくい記載例とわかりやすい記載例を多数掲載しました。これは、生の現場で働くケアマネジャーの方々の声を聞き、ともに考えてきた成果物であります。

よりわかりやすい施設ケアプランを作成することは、適正なケアマネジメントの実践と質の高いケアマネジメントの提供につながります。それは、今までもこれからもみなさんが実践していく「入居者（利用者）の生活への思いに寄り添う」という対人援助職としての基本を磨いていくことにもつながります。数多くのケアプランをみてきた筆者だからこそわかる現実に即したよりよい書き方、よりよい表現のポイントをみなさんにご提案し、また、みなさんと一緒に考えることで、毎日利用したり、作成したりしている施設ケアプランが少しでもよい方向に変化し、そして入居者（利用者）一人ひとりの生活がよりよいものとなることを心より願います。

2021 年 3 月
阿部　充宏

目次

第 3 章　施設ケアプランの具体的な記載事例

第 4 章　施設ケアプランの基本的なルールと考え方

第5章　今後の施設ケアプランの提案

第1章

施設ケアマネジメントの現状と本書の意義

1 ケアプラン点検からみえてきた施設ケアマネジメントの現状と課題

ケアマネジメントの原理・原則は、施設であれ、居宅であれ、介護予防であれ変わるものではありません。しかし、施設ケアマネジメントは、居宅ケアマネジメントとは違う独特な傾向がみられます。特にケアプラン点検をしていると、その「違い」が大きいことを実感します。具体的に、ケアプラン点検からみえてきた施設ケアマネジャー、施設ケアマネジメントの現状と課題を以下に示します。

1 施設のなかでのケアマネジャーの立場

施設ケアマネジャーの業務内容は、運営基準で定められているとおりなので本来悩むことはないはずですが、実際にはさまざまな施設の条件等によって働きにくさがあります。ケアマネジャーの本来の業務や責務と組織が求める労働内容（量や兼務割合等）に違いがあったり､その施設の習慣（やり方）によって変わったりすることがあるのです。

施設においては、ケアマネジャーが専門職としてケアマネジメントをどのように適切に実行するかということと、施設内における職員の立場としてどのようにふるまうか、というバランスが求められています。それが居宅ケアマネジャーとは異なる施設ケアマネジャーの特徴でもあり難しさでもあると思います。

1) 雇用形態（常勤兼務等）の難しさ

常勤兼務の場合には、相談職または介護職との兼務が多いようです。その場合に多く聞かれるのは、｢兼務職種にウエイトが傾き、ケアマネジャーの仕事は兼務業務の合間、または定時が終わってからになる」という状況です。

2) ケアマネジャーの人数の少なさ（1 人ケアマネジャー）

一概に施設に複数のケアマネジャーがいるほうがよくて、少数（1 人）がよくないということはありません。しかし、施設に複数のケアマネジャーがいる場合に比べて、1 人で実践している場合には､「相談できる相手」や「同職種での学び合う環境」がなく、「情報量」も少なくなります。施設の人員基準ではケアマネジャーは 1 人以上配置されていればよく、入所者の数が 100 またはその端数を増すごとに 1 を標準とすると定められているため、1 人ケアマネジャーであることは少なくありません。

さらに、前任者の退職等により 1 人ケアマネジャーになった場合などはより厳しい状況で、引継ぎを受けることなく、「見よう見まねで行う」という声も聞こえてきます。また、地域にあるケアマネジャー協会等でも居宅介護支援事業所に所属するケアマネジャーが中心であるため参加しにくい、または施設向けの研修等が少ない、という現状があります。

3）施設長や他職種によるケアマネジャーやケアマネジメントへの理解不足

① ケアマネジメントの理解が不十分な管理職

まず、施設管理職等のケアマネジメントに対する理解の差が、ケアマネジャーの仕事のしやすさ（連携等）と実践力に対して非常に大きな影響を与えています。「ケアマネジメント＝すべてケアマネジャーの仕事」ととらえている理解不足の管理者や、理解できていないため「ほったらかし」という管理者もいるのが現状のようです。

報酬面で、施設ケアマネジメントのプロセスに対する減算、加算がないこと、さらに施設ケアマネジメントに対する単独報酬もなく、管理者層からその価値が見えにくいため、理解が広がらないといった悪循環もあります。管理者（層）の理解度により施設ケアマネジメントの推進力、熟成度合いは残念ながら大きな差が生じているように感じます。

② 施設の慣習と理解のない他職種

また、管理者層の理解度にも関連しますが、「施設の今までのやり方」「他職種のケアマネジメントの重要性に対する認識度」「ケアマネジメントは多職種協働で実施するということへの理解度」により、ケアマネジメントプロセスの質は変わります。これは、残念ながら、ケアマネジャー個人の能力とは別のところではたらくものである場合も少なくありません。

ケアマネジャーが組織内において相応の役職にある場合、もしくは役職になくても組織在職年数が長く意見ができる（通る）場合などは、比較的、他職種の協力・理解・協働が得られやすいようです。一方で、無理解な他職種が多い職場では、「今日の担当者会議は人が少ないから出られません」「それってケアマネの仕事でしょ」「こんなケアプランではできないから、書き直して」などと言われるという声も聞こえてきます。居宅ケアマネジャーでは、露骨にこのような場面はありませんが、施設ケアマネジャーの場合には、これらの要素が絡むことも念頭におきつつ、よりよいケアマネジメントを実施していくために、他職種に協力が得られるよう日頃からはたらきかけるなど、意識していく必要があります。

2 施設独自のケアマネジメント

先に述べたように、施設は居宅ケアマネジメントとは「少し違う」ケアマネジメントを実施していることがあります。ここでは、その一部をご紹介します。これらにどのように対応するかについては、第４章も併せてご確認ください。

1) 課題分析表（アセスメントシート）の項目の不備

施設において、オリジナルな課題分析表をみかけることがあります。その項目が、厚生労働省の定める課題分析標準項目（23 項目）を網羅していれば何ら問題はないのですが、介護保険制度以前に設立された施設等では、当時から使用していた課題分析表（名称も事前面接表や実態調査表等さまざま）を今もなお使用しているケースがあるなど、課題分析標準項目を網羅していないものも目にします。

また、これは施設に限ったことではありませんが、課題分析表の項目の見直しや追加・削除等について検討していないことが多くあります。世の中や生活様式は多様化かつ複雑化してきているにもかかわらず、課題分析（利用者を理解するために使用するツール）についてアップデートができていない（考えたこともない）という状態がみられます。

2) ケアマネジャー以外による課題分析

相談員や施設長によるアセスメント

課題分析（アセスメント）は、計画担当介護支援専門員（以下、ケアマネジャー）が行うことが定められていますが、なぜか別の職種がしている、または、別の職種（支援相談員・施設長等）が入居判断を行うための事前面接等により、把握した内容をもとに、ケアマネジャーが入居者と直接面談することなくその情報を活用してアセスメントしていることがあります（ただし、認知症対応型共同生活介護（以下、グループホーム）は「計画作成担当者」（生活相談員や支援相談員（以下、相談員）の経験のある人含む）が行うことが定められています。なお、計画作成担当者のうち、1 人以上はケアマネジャーでなければならず、そのケアマネジャーはケアマネジャーでないほかの計画作成担当者を監督することとされています）。

3) 適切でないケアプラン作成

① 入居者に会わないケアプラン作成

新規入居の場合、介護老人福祉施設（以下、特別養護老人ホーム）や介護老人保健施設では、2）と同様に相談員等が事前面接のような形で入居予定者と会い、ケアマネジャーは入居日当日に会うということも聞かれます。つまり、入居者と会うことなく、他職種の情報でケアプランを立案しているということです。

特定施設入居者生活介護（以下､介護付き有料老人ホーム）やグループホーム等でも、管理者（施設長）などの面接結果をもとに、新規のケアプランが立案されていることがあります。居宅ケアマネジメントでは絶対にありえない話ですが、施設系サービスでは決して珍しい話とはいえません。相談員や施設長の面接の理由は、入居可否の判断をするためであって、課題分析を行うための面接ではありません。結論をいえば、ケアマネジャーがケアマネジャーの仕事を最初からできていない（していない）という状況があります。

② ケアマネジャー以外によるケアプラン作成

ケアプランの更新等の際には、ケアマネジャーが、評価及び新たな課題分析の結果に基づきケアプランを作成することがルールです。しかし、施設によっては、「介護職が入居者の状況を最もよく理解している専門職である」という理由から介護職がケアプランを作成していることがあります。これではケアマネジャーが、ケアマネジャーの仕事（役割）をまるでしていないことになります。

施設の特徴（同一建物内でさまざまな職種がチームで仕事をしている）を活かして、チームでアセスメントをするということはよいと考えられますが、ケアプランは、ケアマネジャーが作成するものです。単に運営基準上のルールということだけでなく、専門職としての役割を果たすという意味でも厳守しなければいけません（ただし、グループホームでは、運営基準上、ケアプラン原案の規定はありません）。

4）本人も家族も参加しないサービス担当者会議

ケアプラン原案は、その内容について専門的見地から意見を求めることが必要です。同時に当事者である入居者や家族が参加することが望ましいことはいうまでもありません。しかし、施設という同一建物内に入居者本人がいるにもかかわらず、「参加しない」という状況を多く目にします。その理由を尋ねると、「以前から参加することがなかったから」「入居者の状態（寝たきり･認知症等）から参加することが苦痛だと思っていた」といったことがあげられます。家族等は、「開催日の予定が合わない」「お任せしますと言われた」等が多いようです。しかし、ケアプランもサービス担当者会議も入居者が中心であり当事者であるという観点に立ち、可能な限り参加できる体制や状況、条件を整えていくことが必要です（なお、介護付き有料老人ホーム、グループホームでは、運営基準上、サービス担当者会議の規定はありません）。

5）ケアプランの説明・同意・交付の未実施

ケアマネジャーは、サービス担当者会議で合意されたケアプランを入居者及び家族に対して丁寧に説明し、同意をもらい、そして、交付することが義務づけられています。しかし、ケアマネジャー以外の専門職等が説明していたり、家族の住所地の遠近等は関係なく、郵送（読んでいただき、同意いただければ、署名・押印して返送してください、というもの）で、説明もなく同意行為が行われていることもあります。

他職種が説明するのであれば、ケアマネジャーの役割を果たしておらず、また、郵送で行うなら、丁寧な説明・同意という非常に大切なプロセスが実行されていないこととなります（なお、説明・同意・交付等において、書面で行うことが規定、想定されているものについて、説明・同意・交付等の相手方の承諾を得たうえで電磁的方法とすることができるようになります）。

6）施設の「暫定ケアプラン」のとらえ方

① 暫定ケアプランの意味

暫定ケアプランとは、「要介護認定結果が出ていないために暫定的に作成するケアプランのこと」です。しかし、施設における「暫定ケアプラン」とは、「入居したときには、入居者の様子がわからず、環境変化による影響があるなどの理由から目標期間を１か月程度としたケアプランのこと」と解釈している人が多いようです。これは、「暫定ケアプラン」ではなく、しいて言葉にするなら、施設における「暫定的な取扱い」です。

② 不適切な「暫定的な取扱い」

また、この取扱いを実施する場合でも、そこに明確な意図・判断をもってケアプランを作成していないことがあります。例えば、「ケアマネジャーとして、入居前に入居者等と面接にて課題分析を行った。その際にニーズ抽出を行い、解決すべき課題を説明して、しかるべき目標と支援内容について入居者及び家族等と相談した。しかし、入居者及び家族からの情報収集のなかで、『環境の変化に弱い』『人見知りが激しく、慣れるまでに非常に時間が必要』というような話が聞かれた。そのような状況と心情を加味したとき、目標期間を１年とするのではなく、１か月という期間にさせていただいた」。これならば、専門職としての判断の妥当性があります。一方で、「ケアマネジャーとして、入居者に直に会うのは入居日であり、ケアプランの作成は、相談員の面接記録等、また、相談員に聞き取りをしながら作成した。実際に自分で見たわけではないため、とりあえず1か月の生活のなかで本プランを作成する」というケースもあります。

これは、居宅ケアマネジメントでは起こり得ないことですが、施設ケアマネジメントでは思っている以上に起きている現実です。ケアマネジャーの勝手な都合で、こういった取扱いを行うことのないよう注意してください。

7) 誰にでも通じるケアプラン

① 個別性のない内容

施設に限らず居宅ケアマネジメントにもみられる傾向ですが、ケアプランが誰にでも通じるような表記になっていることがあります。ケアプランは個別性を重視して作成することはわかっていることだと思いますが、同じような表記になっているようです。第1表から第3表（または第4表）の特定の部分というよりも、ケアプラン全体を通じて個別性が不十分になっています。

② 学ぶ環境の不十分さ

①の理由は何かと突き詰めていくと、前述したように1つは人員基準として、100人の入居者に対し、1人のケアマネジャーという物理的な業務量の多さからくるもの、もう1つは、「ケアプランの書き方等は教わったことがない」「見よう見まねで作成してきた」「ケアマネジャーが自分1人しかおらず学ぶ機会も少ない」といった学ぶ環境の不十分さによるものなどです。繰り返しになりますが、居宅介護支援事業所では、さまざまな研修機関や、保険者による多種多様な研修等が公的にも企画されることが少なくありませんが、保険者が施設に特化した研修を行うことは少なく、ケアマネジャー連絡会や、時に書籍なども施設ケアマネジメントに関するものは相対的に少ないといえます。

とはいえ、施設（住まい）は特殊なものではありません。むしろ、自分らしい暮らしを支える地域における普遍的な生活の場としての役割を担うため、それに応じた個別性の高いケアプランの立案が必要です。

2 本書の意義

本書は、前述のようなケアプラン点検事業からみえた施設ケアプランや施設ケアマネジメントに対する気づきを積み重ね、現場のケアマネジャーの声を反映して、作成しています。本書の意義として、以下の２点を挙げたいと思います。

1 わかりやすいケアプランの作成

ケアプランは、「入居者にわかりやすいこと」が大前提です。「わかりやすい」とは、文言・内容などの細部にいたるまで、一貫性があり、入居者自身が理解し、自立を目指すことができるようなものです。

本書では、国から示されている標準様式や記載要領を押さえつつ、記載要領には明記されきれていない実務により即した書き方を提案していきます。また、なぜそのように書くのか、なぜそのように書くことが適切とはいえないのか、といった理由を解説し、曖昧な部分をできるだけ明確にするよう配慮しています。そのため、悩みながら書いていたケアプランの道筋がみえ、自信をもってケアプラン作成ができる一助となることと思います。

2 日々のケアマネジメントの振り返り

1）手探りの施設ケアマネジメントの道しるべ

施設に勤務するケアマネジャーの数と居宅介護支援事業所に従事するケアマネジャーの数は圧倒的に居宅介護支援事業所のほうが多いことはいうまでもありません。そのため、どうしても居宅ケアマネジメント中心の研修や書籍になり、また、介護保険制度の改正（変更）も居宅ケアマネジメント寄りの内容となり、さらにケアマネジャー連絡会等においても居宅介護支援事業所向けに偏ってしまうという現実もあります。

そのようななかで、多くの施設ケアマネジャーからは、「担当人数が多く（90～100人）、ケアマネジメントプロセスについて基準を遵守してまわしていくだけで精一杯」「施設ケアプランは、どうしても同じような内容になってしまう」というジレンマを抱えている声が聞こえてきます。

同時に、同一施設に同じ職種（ケアマネジャー）がいない（少ない）ことから、「自問自答しながらケアマネジメントをしている」という状況もあります。何が正解で何が不正解か（改善が必要なのかどうか）の道しるべがなく、施設の従来どおりのやり方を踏襲していますが、「質」の面から自信をもってそれが正しいとは言えない、という声も聞かれます。

本書では、施設ケアプランの書き方の提案とともに、ケアプランは、ケアマネジメントプロセスの一部であるという観点から、施設ケアマネジメントプロセスのルールについても、提案し、共有しています。運営基準の内容を確認するとともに、運営基準だけではみえてこないこと、明確にされていないことを解説しています。自身の日々のケアマネジメントを振り返り、より質の高いケアマネジメントを実践するための参考にしていただけることと思います。

2）自分ができることを取り入れる

一方で、施設ケアマネジメントは、ケアマネジャーの実力だけでなく、施設長や他職種の理解度、施設の慣習（外的要因）等に影響されることがあります（このことを知らずに正論で施設ケアマネジメントを語る人や研修をする識者もいます）。多くの優秀なケアマネジャーが施設にいますが、こういった外的要因に苦しんでいる事例は少なくありません。

ですから、本書では、まず「自分自身が専門職として努力できることは何か」という観点でとらえていただきたいと思います。ケアマネジメントプロセスのなかで、現時点で施設を変えることが難しい場合は、その部分は「そうだよなー」と共有するだけで十分です。繰り返しになりますが、「まず、自分ができること」について本書からヒントを得ていただければ嬉しく思います。

本書の留意事項

※法令上では認知症対応型共同生活介護（グループホーム）、特定施設入居者生活介護（介護付き有料老人ホーム）は、居宅ケアマネジメント（居宅ケアプラン）の対象ですが、本書では実務上の取扱いを踏まえ、施設ケアマネジメント（施設ケアプラン）の文脈のなかで解説いたします（介護保険法第８条第 24 項）。

※本書は「介護サービス計画書の様式及び課題分析標準項目の提示について（平成 11 年 11 月 12 日老企第 29 号）」の施設サービス計画書標準様式第１表〜第４表の内容を中心に解説しています。

ただし、法令上、施設ケアプラン（施設サービス計画）に定める事項として

①施設が提供するサービスの内容、これを担当する者、

②当該要介護者及びその家族の生活に対する意向、

③当該要介護者の総合的な援助の方針、

④健康上及び生活上の問題点及び解決すべき課題、

⑤提供する施設サービスの目標及びその達成時期、

⑥施設サービスを提供する上での留意事項

が規定されています（介護保険法第８条第 26 項、介護保険法施行規則第 19 条）。これは施設サービス計画書標準様式の第１表・第２表の内容にあたり、第３表、第４表は含まれていないことに留意してください。

● 法令上の枠組み

居宅ケアマネジメント	グループホーム、介護付き有料老人ホーム
居宅ケアプラン	第１表、第２表、第３表、第６表、第７表
施設ケアマネジメント	介護老人福祉施設（特別養護老人ホーム）、介護老人保健施設
施設ケアプラン	第１表、第２表

● 本書の対象

施設ケアマネジメント	特別養護老人ホーム、介護老人保健施設、グループホーム、 介護付き有料老人ホーム
施設ケアプラン	第１表、第２表、第３表、第４表

第2章

施設ケアプランの書き方と考え方

「ケアプランの書き方」を学ぶ意義

ケアプランを作成する1番の目的は、「入居者の生活に寄り添い、入居者の自立を支援すること」です。入居者にとって具体的でわかりやすいケアプランを作成できるよう記述力を向上させることは、結果的には、入居者の自立を支え、質の高いケアを提供することにつながります。また、ケアマネジャーにとっては、効果的・効率的なケアプラン作成を推進することになります。本書は、ケアプランの書き方について解説しますが、書き方ばかりにとらわれ、本質を見失っては本末転倒です。

また、ケアプランの書き方の大前提であり本質として、ケアマネジメントにおける課題分析から適切なニーズの抽出ができていることが大切です。それができていないということは、その時点で、最適なケアプランを立案することが困難であるということです。

第1表から第3表において、常に土台となることは「ニーズ（解決すべき課題）」です。ニーズを解決するために長期目標があり、ニーズを解決するために短期目標があり、ニーズを解決するためにサービス内容があるということです。ですから、ニーズと目標・サービス内容に整合性があることが求められます。そして、ニーズが明確であることが大切です。入居者自身の「〇〇したい」の背景にあるニーズ（解決すべき課題）は何かを明確に表記することも大切となります。

施設ケアプランの3つのわかりにくい書き方の特徴

望ましい書き方について解説する前に、まずは、施設ケアプランでよくみられる3つのわかりにくい書き方の特徴を共有します。

1　介護職員等がすべきことをすべて羅列している

ニーズ（生活全般の解決すべき課題）にもとづいた目標や援助内容ではなく、入居者ができないこと・困難なこと、そして、介護職員等がケアすること・サポートすることを中心にケアプランを作成していることがあります。ケアプランとは、ニーズに対応して作成されるものであり、入居者の心身状態に対して行う介護・看護の内容をすべて記載することではありません。入居者が常食を食べることが難しいのであれば、状況に適した形状や形態で提供することは当たり前のことですし、入居者自身で食べることが身体的に困難であれば、状態に即した食事ケアを行うことも当たり前のことです。その当たり前のケアの羅列はケアプランの主たる内容とはいえません。

2　誰にでも通じるような文言及び目標

第1表の利用者・家族の意向や総合的な援助の方針、また、第2表のニーズや目標が「誰にでも通じるような個別性が感じられないケアプラン」になっていることがあります。要介護5等だと入居者の状態やニーズが変わることが少ないという理由を口にするケアマネジャーや、担当件数（100件まで）が多く業務に追われ、つい多くの入居者に同じような内容を書いてしまうというケアマネジャーも少なくありません。さらには、同じ入居者のケアプランが、更新のたびに全く同じ内容で日付だけを変更したようなものになっていることもあります。

施設ケアの根幹にある24時間365日の生活の場（住居）として、入居者のできること・していることを1日でも長く継続してもらえるようにするものが施設ケアプランです。1人ひとりの入居者に合った、その人だけのオリジナル計画書である必要があります。

✕ 3　専門用語・入居者への配慮に欠ける用語・表現

施設ケアプランにおいて、最も気をつけてほしいことは、ケアプランの個別性も内容も質も大事なのですが、何より「入居者に理解できること」「入居者の人権や心情に配慮されている」ケアプランであるかという点です。

専門用語の使用（例：バイタル・嚥下・ADL)」などは避け、入居者が理解できるわかりやすい用語を使用しましょう。

また、入居者等への配慮に欠けると思われる表現として、「認知症」「精神疾患」「拒否」「暴言・暴力」「意味不明」などがあげられます。仮にそれが事実であったとしても、その活字を見ることで入居者や家族がどのような心情になるのか、という配慮が必要です。事実であれば何を記載してもいいというわけではなく、誰のためのケアプランであるのかという原点に立てば、おのずと答えはでます。同時に話し言葉とは違う、活字のもつ強さやインパクトを考えたとき、その活字を受け止める入居者や家族等の心情に配慮することが大切だということはわかっていただけると思います。

また、目標の表現では「施設での生活に慣れること」「入浴を拒否しないこと」「ほかの入居者に迷惑をかけず仲良くすること」といった入居者のための目標のようにみえて、実は施設のため、施設職員のための目標になっているものがあげられます。「ケアしやすい入居者になってください」というようなケアプランは、入居者中心とはかけ離れているので注意が必要です。

「ケアプランの書き方」の基本の「き」

このような３つの施設ケアプランのわかりにくい書き方の特徴は、基本的なケアプランの書き方にもかかわります。

ケアプランは、正式な書類（入居者等に対して説明・同意・交付を行う等）として制度的に位置づけられ、入居者、支援者両者にとって重きをおかれているものです。そのことを踏まえたとき、正式な書類として、入居者にわかりやすい書類として、以下の基本の「き」の書き方を実践することが不可欠です。

ケアプラン点検においても、基本の「き」に対しての助言や指摘をすることが少なくありません。改めて以下の７点を確認してください。

①誤字脱字（変換ミスなど）がない。
②記入欄から文字がでていない。また、文字が切れていたり、ずれていたりしない。
③専門用語を使用しない。
④略語（リハ、レクなど）を使用しない。
⑤和暦と西暦のいずれかで統一させる。
⑥利用者やその家族への配慮に欠ける表現（認知症・徘徊・拒否・訴えなど）は使用しない。
⑦使用している介護保険ソフトによる不備を言い訳にしない。

※なお、以下本書では、介護老人福祉施設（特別養護老人ホーム）、介護老人保健施設、認知症対応型共同生活介護（グループホーム）、特定施設入居者生活介護（介護付き有料老人ホーム）の利用者を原則、「入居者」と統一しています。ただし、介護保険法上では、介護老人福祉施設、介護老人保健施設の利用者を「入所者」、認知症対応型共同生活介護、特定施設入居者生活介護の利用者を「入居者」と区別しています。本書においても、法文からの引用箇所については「入所者」「入居者」を使い分けています。

第1表

施設サービス

利用者名　殿　生年月日　年　月　日

施設サービス計画作成者氏名及び職種

施設サービス計画作成介護保険施設名及び所在地

施設サービス計画作成(変更)日　年　月　日

認定日　年　月　日

要介護状態区分	要介護１　・　要介護２　・　要介護３
利用者及び家族の生活に対する意向	① p.18
介護認定審査会の意見及びサービスの種類の指定	② p.21
総合的な援助の方針	③ p.23

計画書(1)

作成年月日　　　年　　月　　日

初回・紹介・継続	認定済・申請中

住所

初回施設サービス計画作成日　　　年　　月　　日

認定の有効期間　　　年　　月　　日 ～　　　年　　月　　日

・　　要介護４　　・　　要介護５

1 第1表　施設サービス計画書（1）

1 利用者及び家族の生活に対する意向

厚労省通知

利用者及びその家族が、どのような内容の介護サービスをどの程度の頻度で利用しながら、どのような生活をしたいと考えているのかについて課題分析の結果を記載する。

なお、利用者及びその家族の生活に対する意向が異なる場合には、各々の主訴を区別して記載する。

「厚労省通知」とは、「介護サービス計画書の様式及び課題分析標準項目の提示について（平成 11 年 11 月 12 日老企第 29 号)」を指します。以下同

※下線は筆者

わかりやすい書き方の考え方

◆入居者の気持ちに寄り添う

まず、何よりも第一に入居者（利用者）及び家族にとってわかりやすい言葉とわかりやすい表現であることが大切です。

そして、入居者自身の、施設という住まいのなかで「どのように暮らしたいのか」、また、「これだけはしたい・したくない」という気持ちや想いをどこまで具体的に引き出すことができるかがケアマネジャーに問われています。

しかし､入居者は「住まいを移す（自宅を出る)」という事実をポジティブな感情（入居したいという前向きな心情）というより、ネガティブな感情（心身状況からやむを得ない・家族に迷惑をかけられない等）でとらえていることが少なくありません。そのことを理解し、その心情に寄り添うことからスタートできなければ「真の意向」にたどりつくことができません。

◆家族の意向を引き出す

家族の意向についても基本的には同様に「引き出す」ことが大切です。もちろん積極的に意向を伝えてくれる人もいますが、その反面、「自分が介護できないために施設にお世話になるのだから…」「施設や職員に迷惑が少ないように…」と遠慮し、伝えたいことを隠してしまう家族もいますので、そのあたりのコミュニケーション能力が非常に大切になります。

また、契約内容に対する意向（希望）と暮らし（生活）に対する意向は、時に整理をしながら話を聞いていくことが必要です（例えば、契約上で「入浴を週３回」としていることは生活の意向ではありません。「入浴後には大好きだったビンの牛乳を１本飲ませてあげたい」ということを生活の意向として取り扱います）。

わかりにくい書き方の特徴

入居者や家族からの意向を十分に聞き取ることができていないため入居者や家族の言葉（意向）が抽象的になります。記載例としては、「(この施設で）今までどおりに暮らしたい」「ほかの人と仲良く暮らしたい」というような表記です。同時に家族の意向については、「母らしく暮らしてほしい」「ほかの人に迷惑をかけずに暮らしてほしい」というような表記が目立ちます。

認知症により明解な会話や回答が難しい場合などにおいて、ケアマネジャーが推測で入居者の意向を記載していることもありますが、それは正しいとはいえません。

また、入居者や家族の「いつもお世話になります」「感謝しています」等の支援チームに対する感謝の言葉が記載されていることがあります。もちろん、支援チームとしてはありがたい言葉ではありますが、それは入居者や家族の生活に対する意向ではなく「感謝」ですので、意向の聞き取りの際に感謝の言葉があったとしても意向欄では不要です。

わかりやすい書き方のポイント

①入居者等が話した言葉（セリフ）を可能な限りそのまま具体的に表記します。
②誰の意向であるかを続柄で記載します（例：長男、長女）。
③入居者が質問の意味を理解できないといったことにより、意向を語ることが困難な場合（例：認知症等による会話困難）には、「入居者に尋ねましたが明確な回答を得ることができませんでした」という表記もあり得ます。

よくあるわかりにくい書き方の具体例

【抽象的で具体性がない】

・（本人）今までどおりに暮らしたい
・（本人）まわりに迷惑をかけないようにしたい
・（本人）特に何も言うことはない
・（本人）自宅に帰りたい
・（家族）できることは自分でできるようになってほしい
・（家族）ほかの入居者と仲良く暮らしてほしい
・（家族）みなさんにケアはすべてお任せしているから特に意向はない

【支援チームへのお礼等が記載されている】

・（本人）支援していただき、ありがとうございます
・（家族）みなさんにお世話になって申し訳ない気持ちです

【介護保険サービスに対する意向のみが記載されている】

・（本人）外出サポートを利用したい（利用して何をしたいかが不明）
・（家族）契約にもとづき、入浴を週３回お願いしたい

わかりやすい書き方の具体例

【具体的でわかりやすい】

・（本人）令和元年 11 月までできていた編み物や裁縫ができるようになりたい
・（本人）月１回は、長女と一緒に美容院に行くことを継続したい
・（本人）行事等については、自分の判断で参加するかどうかを考えたい
・（本人）トイレは自分で何としてでも行きたい
・（本人）麻雀の会をほかの入居者と立ち上げたい
・（本人）地元のお祭りに参加するために杖１本で歩いていたい
・（長女）毎日、髪の毛とひげだけは清潔にしてほしい
・（長男妻）本人ができることには、手を出し過ぎないで見守ってあげてほしい
・（夫）集団で行う体操等をすることを強要しないでほしい

2 介護認定審査会の意見及びサービスの種類の指定

厚労省通知

被保険者証を確認し、「認定審査会意見及びサービスの種類の指定」が記載されている場合には、これを転記する。

※下線は筆者

わかりやすい書き方の考え方

介護保険被保険者証（以下、被保険者証）を確認し、介護認定審査会の意見があれば、意見を加味してケアマネジメントを行います。サービスの種類の指定がある場合には、指定に従いケアマネジメントを行います（第 1 表「介護認定審査会の意見及びサービスの種類の指定」に転記）。被保険者証を確認し、この欄が未記載であった場合「特になし」「意見なし」等と記載しておくとよいでしょう。被保険者証に記載がない場合に本欄を空欄にして、被保険者証を確認した旨を支援経過記録等に記載しても構いませんが、入居者や担当者と共有するケアプラン上に「特に記載なし」と表記しておくことで、共有を図りやすくなります。

わかりにくい書き方の特徴

そもそも被保険者証を確認しておらず、被保険者証を「確認する必要がある」ことを知らないことがあるようです。また、被保険者証を確認していないだけでなく、様式から「介護認定審査会の意見及びサービスの種類の指定」の欄を削除してしまっているケースもあります。さらに、確認していたとしても確認した旨の記録（例：支援経過記録）がなく、本欄にも記録が残されていないため、確認したかどうかがわからないことがあります。

◆法令上の規定（施設サービス）

介護保険法第 87 条第 2 項では「指定介護老人福祉施設の開設者は、指定介護福祉施設サービスを受けようとする被保険者から提示された被保険者証に、認定審査会意見が記載されているときは、当該認定審査会意見に配慮して、当該被保険者に当該指定介護福祉施設サービスを提供するように努めなければならない」とされています（ほかの施設サービスも同様です)。つまり、ケアマネジャーの役割として認定審査会意見を確認し、その記載内容に応じてサービス提供を行うことが規定されているのです。ですから、様式から本欄を削除することで、被保険者証に「記載があった場合」に、認定審査会の意見及びサービスの種類の指定に基づいてケアマネジメントを行っていたとしても、その事実と内容をケアプランから読み取ることができなくなってしまうのです。

◆法令上の規定(地域密着型サービス)

なお、認知症対応型共同生活介護(以下、グループホーム)等についても、介護保険法第78条の3第2項において「指定地域密着型サービス事業者は、指定地域密着型サービスを受けようとする被保険者から提示された被保険者証に、認定審査会意見が記載されているときは、当該認定審査会意見に配慮して、当該被保険者に当該指定地域密着型サービスを提供するように努めなければならない」とされています。認定審査会意見の確認は、ケアマネジメントを行ううえで必須ですので必ず実施し、その旨を記載しておきます。

また、本欄を使用して医療情報(今までの病歴等)や利用にいたる経緯を記載してしまっているケースも散見されますので、本欄の目的に沿った使用方法をしてください。

わかりやすい書き方のポイント

①被保険者証を必ず確認し、認定審査会意見に記載がある場合には、意見に配慮してサービス等を提供するように努めなければなりません。「意見」の有無や内容を確かめ、明記がある場合には必要に応じて転記します。
②「認定審査会意見」がない場合には、「特になし」「意見等なし」と記載します。
③被保険者証に記載してある内容以外は記載しません。

3 総合的な援助の方針

厚労省通知

課題分析により抽出された、「生活全般の解決すべき課題（ニーズ）」に対応して、当該居宅サービス計画を作成する介護支援専門員をはじめ各種のサービス担当者が、どのようなチームケアを行おうとするのか、総合的な援助の方針を記載する。

あらかじめ発生する可能性が高い緊急事態が想定されている場合には、対応機関やその連絡先等について記載することが望ましい。

※下線は筆者

わかりやすい書き方の考え方

◆支援チームの共通指針

ニーズを総合的にとらえたうえで、支援チームとしての共通方針を具体的に記載します。共通方針とは、入居者の複数のニーズに共通している支援チームのメンバー全員が共有しておくべき支援ポイントです。例えば、認知機能の低下やフレイルなどさまざまな生活ニーズにより、機能訓練等や生活援助等のサポートを受けている入居者に、転倒などの課題が発生した際、その要因の多くは「服薬忘れ」によるものだとします。そのことから、服薬サポートを実施する専門職だけでなく、入居者にかかわるすべての専門職（支援チームのメンバー全員）は、服薬の確認や観察等を常に総合的な支援方針（支援ポイント）として認識しておくことが必要です。

◆緊急連絡先の記載

また､対応機関や連絡先は「緊急事態が発生する場合」を判断したうえで記載します。「緊急事態が発生する場合」については、施設や職員の状況、また、疾患等による急変の可能性や救急搬送の可能性等を鑑みて、総合的に判断してください。記載しておくことで入居者や家族が安心できることにも留意して判断してください。

わかりにくい書き方の特徴

わかりにくい例として、①職種別に何をサポートするのかを簡単に記載している、②入院歴や生活歴などの経過のみが記載されている、③誰にでも当てはまるような文章となっている（例：ご本人の意向をうかがい、速やかに担当者間で連携を図りサポートさせていただきます)、④緊急連絡先や主治医の情報等が特段の意味なく明記されているといったことがあります。

総合的な援助の方針は、入居者等の意向（希望）や第２表に掲げたニーズに対する目標を実現していくために支援チームのサポート方針を記すものです。入居者や家族等にとっても総合的な援助方針となり、入居者や家族等も支援チームと同じような気持ちと行動で、ともに望む暮らしや目標の実現を目指すことができるようになります。

わかりやすい書き方のポイント

①すべての支援スタッフが共通事項として、観察・配慮・対応が必要なことは何かを記載します。

②複数の解決すべき課題（ニーズ）がある場合（p.28 参照）に「課題の中核は何か」がポイントになります。具体的には、すべてのニーズが「服薬を忘れることに起因している」とあれば、課題の中核は服薬忘れということであり、すべての支援スタッフに共通認識が必要になります。

③状況経過を記載する場合には、ケアプランの期間等も加味して記載します。（例えば、長期目標を３年に設定したとき、ケアプラン作成時は最新情報であったとしても、３年のうちに情報も状況も非常に古いケアプランになってしまっていることもあります)。

よくあるわかりにくい書き方の具体例

【誰にでも当てはまるような内容となっている】

・担当者間で連携しながら支援にあたります

・施設で気持ちよく暮らしていけるよう支援します

【抽象的で具体性がない】

・認知症により不安の訴えがあった場合には、丁寧に話を聞きます

・安心、安全に生活ができるよう支援してまいります

・生活全般のサポートを行います

【職種別のサポート内容が記載されている】

・管理栄養士による栄養ケアを行います

・理学療法士によるリハビリテーションを行います

・看護師が健康管理をいたします

【入院歴や経緯のみが記載されている】

・２年前に右脳梗塞により身体に麻痺が残りました。６か月前に再発し…。

・要支援２の奥様と自宅で暮らしていましたが、奥様の腰痛悪化により入居の運び

となりました。ご本人は、温厚で礼儀正しく……。

【現時点で記載の必要性がわからないが緊急連絡先を記載している】

・〇〇病院　電話番号　（次女）電話番号（緊急性の判断なく全員に記載）

わかりやすい書き方の具体例

・昨年（令和３年５月）、脱水症状がありましたので、「飲水の量」について常に確認と声かけをします（長期目標１年）

・食事の量が2021年12月より低下しており、体重も減っています。「食事の有無・食事の量・内容等」の摂食状況とそれに伴う歩行状態の観察を行います（長期目標１年）

・服薬を望まないときがあり、それに伴い、頭痛・ふらつきがみられることがありますので、「服薬（残薬）の確認と声かけ」を行います

・前回（2021年２月まで）のケアプランの目標（昼食は自分でスーパーマーケットまで買いに行く）を達成されました。一方、「杖を持つ」「歩幅を広く」を頭において歩くことを忘れてしまうこともありますので、支援スタッフも継続して声かけ等のサポートをします

第2表

施設サービス

利用者名　　　　　　　　　　　殿

生活全般の解決すべき課題（ニーズ）	目標			
	長期目標	（期間）	短期目標	（期間）

① p.28
② p.32
③ p.37
④ p.41
⑤ p.44

計画書（2）

作成年月日　　　　　年　　月　　日

援助内容			
サービス内容	担当者	頻度	期間
⑥ p.50	⑦ p.53	⑧ p.54	⑨ p.56

2 第2表　施設サービス計画書（2）

1 生活全般の解決すべき課題（ニーズ）

厚労省通知

利用者の自立を阻害する要因等であって、個々の解決すべき課題（ニーズ）についてその相互関係をも含めて明らかにし、それを解決するための要点がどこにあるかを分析し、その波及する効果を予測して原則として優先度合いが高いものから順に記載する。

※下線は筆者

わかりやすい書き方の考え方

◆生活全般の解決すべき課題（ニーズ）のとらえ方

生活全般の解決すべき課題とは、端的にいえば入居者の自立を阻害するもの、また、その人らしい暮らしを阻害しているような事柄を指します。その内容は、疾患から起きていること、ADL の低下から起きること、環境の変化等から生じることなどさまざまです。また、今すでに課題になっていることや、このままの状況が続くことで課題となるであろうことも含まれます。

さらに、生活全般の解決すべき課題には「可能性」も含まれます。入居者等がもつ能力や可能性が十二分に発揮されているか否かという視点です。これらの課題と可能性を課題分析から適切に導き出していくことが大切です。

◆「○○したい」「○○なりたい」と書く理由

「生活全般の解決すべき課題（ニーズ）」の欄には「○○したい」「○○なりたい」と書くように指導を受けたという言葉を非常に多く耳にしますが、その理由まで答えられる人は少ないように思います。「○○したい」という表記は重要ではありますが、その前提には入居者自身が「したい・なりたい」と望んでいることが必要です。具体的にいえば、ケアマネジャーが抽出したニーズの説明をしていくなかで、入居者が今後の生活を意欲的（前向き）にとらえ、ニーズを自分自身の生活の目指す姿として、「○○になりたい・○○を取り戻したい」というようなモチベーションを有した状態であることが求められるのです。

また、モチベーションだけでなく、入居者自身がニーズを認識していることも重要なポイントです。「〇〇を変えたい！」という直接的な意思でなくても、ニーズを理解し、現状を変える必要性を認識していることは、意欲につながります。

ここで重要なことは、ケアマネジャーが入居者の認識、意欲を引き出し、高めるようなソーシャルワークをどこまで実践し、追求しているかということでもあります。ただ単に「100m 歩けるようになること」が重要なのではなく、100m 歩ける能力を取り戻すことで「野菜を育てることができる（水やりができる）」という生活行為が重要なのです。

◆ニーズの解決に対する意欲がない（認識がない）場合

ニーズに対して意欲的でない（意思が確認できない・意欲が低い・認識がない等）場合については無理に「したい・なりたい」と書くことで逆に不自然な表記となります。その場合には、状態や状態像を記載してください。具体的には、「お尻に〇〇 cm 程の床ずれがあります」「週に数回ほど薬を飲み忘れることがあります」と起きている事実を記載してください。単に書き方としての「〇〇したい・〇〇なりたい」という表記はしません。また、単に「〇〇したい」では、そのニーズが何かがわからないので、「ニーズに対して〇〇したい」という考え方で記載します。理由を明記することが大切です（例：歩くときに段差につまずく心配があるが、屋内を転倒せず歩けるようになりたい）。

解決すべき課題（ニーズ）だけでなく、改善する可能性がある状況についても抽出し、ニーズ欄に記載します（例：付き添いがあることで徒歩での買い物が可能になる。1人で歩くのは転倒する危険があるが、いずれは歩いて買い物に行きたい）。

◆ニーズの優先順位のつけ方

ニーズは優先順位の高いものから記載します。優先順位は、そのときの入居者の状況を総合的に評価したうえで設定してください。具体的には、薬が飲めないことによる疾患増悪や救急搬送、また、食事を摂ることができないために体重が数か月で何 kg も減少しているなど命を脅かす危険がある場合は優先順位が高くなります。

医療的なニーズを1番先に書くように指導されたという「医療ファースト」の表記がよくみられます。例えば、現時点では疾患の状態も落ち着いており、定期的に受診できているケースに対して、医療の優先順位が最も高く設定されていることがあります。疾患への対応は大切ですが、常に第1位の優先順位ということではありません。

わかりにくい書き方の特徴

◆不十分な課題分析

入居者固有の課題（ニーズ）ではなく、誰にでも当てはまる個別性のないニーズとなっていることがあります（例：元気に暮らしたい、病気の再発を防ぎたい）。内容そのものは間違いではありませんが、そこに個別性がみえてこないのです。その背景には、単にADLの能力評価をしている（一部介助・全介助と○をつけるのみ）、起きている事実の原因分析が十分でないといった課題分析の不十分さがあります。入居者がもつ個別ニーズを記載することが大切です。

また、解決すべき課題（ニーズ）ではなく、入居者の希望（デマンド）のみ記載されている場合があります。ニーズと入居者の希望（ニーズを解決したい）が一致している場合もあると考えられますが、単純に希望（意向）を羅列することは適切ではありません。

◆整理されていないニーズ

さらに、複数のニーズが1つの文章に含まれていてわかりにくいことがあります。例えば、食事と排泄のこと、掃除と入浴のこと等が同一の文章に記載されているため、何がニーズかがわかりにくく、目標設定においても連動性や整合性がない場合もあります。必ずしも1つずつニーズを分ける必要はありませんが、目標やサービス内容等との連動性や入居者等へのわかりやすさを考慮してニーズ表記の工夫をしてください。

わかりやすい書き方のポイント

①ニーズの内容が明確にわかるような記載をします。
②「○○したい」「○○なりたい」は、ニーズを解決したいという利用者の意欲（望み）がある場合に記載します。入居者の意欲等が確認できない場合には「○○の状況にある」「○○が困難な状況」等の現状を示す記載をします。
③関連性の乏しい複数のニーズを同時に併記しないようにします。

よくあるわかりにくい書き方の具体例

【利用者（家族）の希望（デマンド）のみで記載されている】

・入浴したい（本人）

・掃除ができないのでしてほしい

・外出をしたい

・時々は自宅に帰りたい

【誰にでも当てはまるような内容になっている】

・安心して生活したい

・病気にならないようにしたい

・身体を動かしながら暮らしたい

・できることを維持したい

わかりやすい書き方の具体例

【個別的で具体的な内容になっている】

●ニーズを改善したいという意欲がある場合

・ポータブルトイレを使用しているが、トイレに行けるようになりたい

・1人での外出は転倒の危険があるが、八百屋まで買い物に行きたい

・浴槽を1人でまたぐことが難しいが、個別浴槽をまたいで入浴したい

●ニーズに対しての意欲があるかは不明だが、解決する必要がある場合

・床ずれが仙骨部（お尻）にあり、治療が必要です

・食事の量が減り、体重が減少しています（令和3年4月からの6か月で3kg減少）

・水分量が十分でなく、脱水症状になる心配があります（過去2回、脱水症状あり）

2 長期目標

厚労省通知

「長期目標」は、基本的には個々の解決すべき課題に対応して設定するものである。
ただし、解決すべき課題が短期的に解決される場合やいくつかの課題が解決されて初めて達成可能な場合には、複数の長期目標が設定されることもある。

※下線は筆者

わかりやすい書き方の考え方

◆具体的かつ明確な記載

基本的に個々の解決すべき課題（ニーズ）に対して、長期目標を設定します。記載内容は、抽象的であったり、曖昧な表現であったりすると読み手の価値観で、そのとらえ方が変動してしまうため、具体的かつ明確に記載します。さらに、目標とは、入居者がサービスを受けつつ到達しようとする状態像を指すものであり、各専門職による個別のサービス行為を意味するものではないことに留意する必要があります。

◆ニーズと対になる長期目標

長期目標は、ニーズに対応して設定されていることから、そのニーズが明確である必要があります。つまり、前述したように「○○したい」だけでは、その「○○したい」を阻害している状態や要因がわからず具体的な目標を立てられません。まずは、その状態や阻害要因を明確にしましょう。その状態と阻害要因に対して、介護保険等（施設サービス等）のサービス等を活用して課題を解決していくことになるので、長期目標は、ニーズを解決した際の状態像を明記します。具体的には、ニーズが「浴槽をまたぐことに危険はあるが、個別浴槽をまたいで入浴したい」という場合、「個別浴槽を自分でまたいで入浴ができること」が長期目標になります。また、目標については、「実現可能であること」を予測（判断）した設定が必要です。「達成したらいいな」という現実的ではない願望や「明らかに実現が難しい」という内容は、入居者本人へ過度な期待やプレッシャーとなります。そのような意味からもサービス担当者会議等を通じて、専門的見地から意見を得ることも重要となります。

わかりにくい書き方の特徴

内容に具体性や個別性がなく、誰にでも当てはまるようなものとなっています。目標が具体的でないと入居者自身が何を目指して課題解決に取り組むのか、また、支援者も目指すべき状況が不明瞭になり、「何となく」というような曖昧なまま支援を行うことになります。

また、目標が入居者の生活における状態像ではなく、サービス利用中における状態像となっていたり、目標ではなく入居者の希望（「○○になりたい」という表記）になっていたりします。長期目標と短期目標の内容が全く同じものであるなど、そもそも目標としてふさわしくない表記も散見されます。

施設では、入居者がその施設で何年も生活していたり、状態（介護度）も変わらないという場合もあると思います。その場合においても、安直に同じ内容の目標になっていないか確認（評価・判断）をしたうえで記載することが大切です。

わかりやすい書き方のポイント

①具体的な状態像で記載します（数値化できる目標は数値化します）。
②実現可能な状態像を記載します。
③個々（入居者や家族や各専門職）のもつ価値観でとらえ方が変動するような用語の使用は避けます（例：安心・安全・健康）。
④ニーズを解決した際の状態像をイメージして具体的に設定します。

よくあるわかりにくい書き方の具体例

【誰にでも当てはまるような内容となっている】

・施設で暮らすことができる（長期目標がこの１点のみ）
・定期的な医療管理を受けることで、施設での生活ができる（医療管理を受けることが目標になっている。すでに通院等定期的に受診できているにもかかわらず、目標になっている）
・体調管理をしながら生活が続けられる（どのような体調管理をして、どのような状態であるかが不明）
・活気をもって生活ができる（「活気」にあたる状態像がわからない）
・明るい気持ちで生活することができる（「明るい気持ち」にあたる状態像がわからない）
・生活支援を受けることで暮らしが継続できる
・病気に対する不安の軽減ができて、生活が維持できる

・心身の健康を保った生活を継続する

【目標でなく意向になっている】

・みなさんと仲良く暮らしていたい

・100 歳までは生きたい

・娘と時々は外食に行く

【複数の目標が同時に表記されている】

・足の痛みが軽減し、食事がたくさん食べられる（痛みと食事量が同時に記載）

・両手で支えながら歩行することで転倒を防ぎ、ほかの入居者と会話を楽しめる

・床ずれを予防し、よく眠れる

・コミュニケーション量を確保し、今の心身機能でできていることを継続できる

【目標の手前の状況が目標になっている】

・日用品の不足や家電の故障等により生活に支障がでることを予防する（それにより、「必要な物のリストが作成できる」）

・友人をつくり、楽しい時間を過ごせている（それにより、「日中は起きて過ごすことができる」）

・通院治療ができる（それにより、「血圧が安定し、めまいを起こさない」）

【曖昧な表現や抽象的な内容でわかりにくい】

●清潔保持

・居室内の環境整備ができて気持ちよく生活できる

・身体の清潔が保たれ皮膚トラブルがない

・安全で安心な入浴ができる

・定期的に入浴ができる

●家事

・自分ではできない部分を手伝ってもらい、できる家事を増やしていく

・身のまわりのことが自分でできる

・身のまわりの片づけや整理は自分で行う

・着替え、家事（洗濯・食器洗い）

●日常生活

・生活のなかで役割をみつけ、生活のなかに取り戻し、続ける

・規則正しい生活により、生活リズムが安定する

●歩行

・体調によって施設の近くを散歩できている

・定期的に外出機会をつくり気分転換ができる

・安心して好きな散歩が続けられる

・安定した歩行ができるようになり元気でいられる

・動きが悪くならない程度の歩行を維持できる

● **認知機能**

・もの忘れが悪化せず他者と協調できる

・もの忘れを進行させない

● **保健医療（体重が未記載）**

・体重の増加を予防する

・医師から指示されている体重を維持する（体重が未記載）

・間違いなく薬が飲める

・転倒によるケガを予防する

【入居者以外の目標になっている】

・医療との連携体制ができて、主治医に安心して相談できるようになる

・緊急連絡体制を確保し、入居者本人の不安を取り除く

・継続的な医学管理により健康状態の維持を図る

・体調管理と疾病の対応ができる

わかりやすい書き方の具体例

ここでは、ニーズに対する予後予測として、改善が見込まれる場合と、現状の維持が見込まれる場合それぞれの書き方を記載しました。

【個別的、かつ具体的でわかりやすい】

● **清潔保持**

・ゴミ捨てを自分で行うことができること（改善）
　ゴミ捨てを自分で行うことで、清潔な環境が継続できていること（維持）

・自分で身体を拭くことで、全身にかゆみがないこと（改善）
　自分で身体を拭くことで、全身にかゆみのない生活が継続できていること（維持）

・見守りを受けて１人で入浴できること（改善）
　見守りを受けて１人での入浴が継続できていること（維持）

● **家事**

・工夫した掃除用具を使用し、かがむことなく床ふきを自分で行えること（改善）
　工夫した掃除用具を使用し、かがむことなく床ふきを毎日継続できていること（維持）

・洗濯（干す・取り込む・たたむ・しまう）ができること（改善）
　洗濯（干す・取り込む・たたむ・しまう）が継続できていること（維持）

・ベッドまわりの整理整頓ができること（改善）
　ベッドまわりの整理整頓が継続できていること（維持）

●**生活動作**

・トイレに１人で行けること（改善）
トイレに１人で行けることが継続できていること（維持）

・身だしなみ（ひげと頭髪）を整えることができること（改善）
身だしなみ（ひげと頭髪）を整えることが継続できていること（維持）

●**歩行、移動**

・杖を使用して、１人で自室から食堂までの歩行ができること（改善）
杖を使用して、１人で自室から食堂までの歩行が継続できていること（維持）

・屋内の段差につまずかずに歩行できること（改善）
屋内の段差につまずかずに歩行することを継続できていること（維持）

・立ち上がりからの歩行が自力でできること（改善）
立ち上がりからの歩行が自力で継続できていること（維持）

●**保健医療**

・嚥下（飲み込み）状態を維持し、誤嚥性肺炎を起こさないこと（改善）
嚥下（飲み込み）状態を維持し、誤嚥性肺炎を起こさない生活を継続できていること（維持）

・服薬カレンダーを活用し、飲み忘れをしないこと（改善）
服薬カレンダーを活用し、飲み忘れがない状態を維持できていること（維持）

・糖尿病が悪化せず入院しないこと（血糖値 110mg/dL 以下）（改善）
糖尿病が悪化しない状況（血糖値 110mg/dL 以下）を継続できていること（維持）

・服薬時に手渡してもらうことで、自分で飲めること（改善）
服薬時に手渡してもらうことで、自分で飲めることが継続できていること（維持）

【数値化されている】

・55kg（標準内）の体重になること（改善）
55kg（標準内）から体重を低下させないこと（維持）

・500m 先のスーパーマーケットに歩いて行けること（改善）
500m 先のスーパーマーケットに歩いて行けることが継続していること（維持）

・血圧が上 120・下 80mmHg 以下になること（改善）
血圧が上 120・下 80mmHg 以下を維持していること（維持）

・夜は６時間の睡眠がとれるようになること（日中に寝ない）（改善）
夜は６時間の睡眠が今までと同様に継続してとれていること（維持）

3 短期目標

厚労省通知

「短期目標」は、解決すべき課題及び長期目標に段階的に対応し、解決に結びつけるものである。

緊急対応が必要になった場合には、一時的にサービスは大きく変動するが、目標として確定しなければ「短期目標」を設定せず、緊急対応が落ち着いた段階で、再度、「長期目標」・「短期目標」の見直しを行い記載する。

なお、抽象的な言葉ではなく誰にもわかりやすい具体的な内容で記載することとし、かつ目標は、実際に解決が可能と見込まれるものでなくてはならない。

※下線は筆者

わかりやすい書き方の考え方

個々（入居者や家族や専門職）の価値観等でとらえ方が変動しないような明確かつ具体的な内容となるよう心がけます。具体的には、「健康」や「安全」という抽象的な言葉を用いると入居者や支援者の個々の価値観や感じ方、判断によって状態像や目標像も変わってしまいます。

短期目標は、長期目標を実現する段階的な到達点です。長期目標は、生活全般の解決すべき課題（ニーズ）からリスクや不足しているものを明確にし、それらを補うことで到達できる状態です。一方、短期目標は長期目標を達成するための段階としての状態像を記載します。具体的には、「更衣をすべて自分でできるようになる」という長期目標に対しての段階的な状況として「上着を自分で着ることができる」「上衣のボタンを自分でかけられるようになる」などが短期目標となります。

わかりにくい書き方の特徴

長期目標と短期目標が全く同じ内容（文言）になっていることがあります。また、内容に具体性や個別性がなく、誰にでも当てはまるようなものとなっており、具体的な目標（状態像）がわかりにくくなっていることがあります。

さらに、長期目標と短期目標の内容に整合性がない場合があります。短期目標は長期目標を実現するための段階的な目標ですから、複数の目標になることもありますが、整合性がとれるよう注意してください。

わかりやすい書き方のポイント

①具体的な状態像で記載します（数値化できる目標は数値化します）。
②実現可能な状態像を記載します。
③個々のもつ価値観でとらえ方が変動するような用語の使用は避けます（例：安心・安全・健康）。
④長期目標を実現するための段階的な目標（具体的な状態像）を記載します。

よくあるわかりにくい書き方の具体例

【誰にでも当てはまるような内容になっている】

・病気が悪化せず、生活が継続できる
・部屋やトイレの掃除などの支援を受けながら生活が継続できる
・自分でできることは自分で行う

【複数の目標が同時に表記されている】

・食事をすべて食べることで、転倒時にふらつかない
・体調のよいときに簡単な調理をしたり、庭木の世話をしたりできる

【目標の手前の状況が目標になっている】

・レクリエーションに参加し、身体を動かす（身体を動かすことにより身体機能の維持向上が図られ、食事時に自分の食器の配膳下膳ができるようになる）
・他者と話をしたり行事に参加したりすることで楽しく過ごせる（楽しいという前向きな気持ち（意欲）になることで、「洋服を自分で選べるようになる」）

【曖昧な表現や抽象的な内容でわかりにくい】

●清潔保持

・安全に入浴ができ、さっぱりした気分になる
・湯船でリラックスできる
・いつも清潔に生活できる

●日常生活

・介助により外出し地域との交流機会を得る
・レクリエーションや塗り絵などの楽しみの時間をもつ

●歩行、移動

・安全に歩行できる
・思い立ったとき、自分の好きなときに１人でも外出できる
・立ち上がりがしやすくなる

●認知機能

・もの忘れにより他人に迷惑をかけない

・もの忘れを予防し、服薬忘れを防ぐ

●保健医療

・痛みが軽減している

・血糖値、血圧のコントロールができる

・処方どおりに薬を服用でき病状も安定する

・飲み忘れを減らせる

●食事

・おいしく食べられて毎日の食生活が整う

・食事の塩分を控える

・バランスのよい食事が摂れている

●身体機能

・運動して、心身とも健康になれる

・痛みのないときは、上肢機能訓練を行う

・機能訓練をして維持する

【入居者以外の目標になっている】

・緊急時の対応ができる

・安否確認ができるようにする

・定期的に病状管理をして異常の早期発見ができる

わかりやすい書き方の具体例

【個別的で具体的な内容になっている】

●清潔保持

・皮膚トラブル（全身のかゆみ）が起きていないこと

・髪を自分でとかすことができること（継続できていること）

・渡された歯ブラシを持ち、自分で歯みがきができること（継続できていること）

・自分でタオルを持ち、左半身を拭けていること（継続できていること）

・床ずれにならないこと

・全身にかゆみ止めを自分で塗れていること

・タオルを左手に持ち、自分で顔を拭けていること

●家事

・洗濯物をたたみ、タンスに整理することができること

・洗濯機に脱いだ衣類を入れることができること

・ベッドのまわりを整理整頓できていること

●**日常生活**

・足りない日用品を月に 1 回確認し、必要物品リストがつくれること

・靴ひもを自分で結べていること

●**歩行、移動**

・右足を引きずらずに歩けていること

・居室とレストラン（食事場所）を往復できること

・週 2 回以上、屋外で歩行できていること

・柵につかまりながら、寝起きや立ち上がりを自分でできること

●**食事**

・食事を半分は自分で食べられるようになること

・食事時に服薬カレンダーから薬を出せること

【数値化されている】

・ベッドから部屋の明かりのスイッチ部（約 3m）まで歩けること

・居室からリビングにある共用バケツ（約 10m）にゴミを捨てることができること

・施設からバス停（約 200m）まで 1 人で歩くことができること

・1 人でスーパーマーケット（約 300m 先）に買い物に行くことができること

・30 分程度の散歩（片道約 500m の公園まで）ができること

・体重が 49kg になること

・1 日 2000cc の水分を飲めていること（脱水症状がない）

4 長期目標及び短期目標に付する期間

厚労省通知

「長期目標」の「期間」は、「生活全般の解決すべき課題（ニーズ）」を、いつまでに、どのレベルまで解決するのかの期間を記載する。

「短期目標」の「期間」は、「長期目標」の達成のために踏むべき段階として設定した「短期目標」の達成期限を記載する。

また、原則として開始時期と終了時期を記入することとし、終了時期が特定できない場合等にあっては、開始時期のみ記載する等として取り扱って差し支えないものとする。

なお、期間の設定においては「認定の有効期間」も考慮するものとする。

※下線は筆者

わかりやすい書き方の考え方

◆目標期間の設定

長期目標の期間は解決すべき課題（ニーズ）をいつまでにどのレベルまで解決するのかの期間を記載します。短期目標の期間は、長期目標の達成のために踏むべき段階として設定した期限を記載します。

期間の表記は、長期目標、短期目標の期間ともに「年月日から年月日」と記載することで利用者等にとってもわかりやすくなります。

期間設定は、要介護認定の有効期間を考慮しつつ、入居者の状態や目標の内容に応じた設定をします。

施設サービス等では想定されるケースは少ないと思いますが、緊急事態でのサービス利用は、目標として確定しない場合、長期目標期間を設定したうえで、一時的に短期目標期間の設定を行わず、緊急対応が落ち着いた段階で短期目標及び期間の設定を行うこともあります。

◆暫定的に作成するケアプラン

施設サービスにおいて、新規入居の場合、暫定的なケアプラン（1か月程度）を作成し、1か月が経過したところから本ケアプランに移行するというケースをみかけます。目標の期間は、長期目標を1か月、短期目標を2週間に設定するという内容です。それ自体が直ちにダメということではありませんが、「入居者理解が不十分だから暫定的にケアプランを作成した」という理由では、事前のアセスメントが不十分なのではないか、という疑義を生みます。生活の場を変えることによる入居者の暮らしへの影響が小さくないことは理解できますが、そのなかでも最良のアセスメントにもとづくケアプランを適切に立案することが求められます。

わかりにくい書き方の特徴

期間設定が、入居者の状態や目標の内容に応じた期間ではなく、画一的に長期目標を認定有効期間とし、その半分を短期目標に設定していることがあります。また、理由なく短期目標を 6 か月に設定していることもあります。

期間が「未設定」であったり、「年月～年月」「12 か月」と曖昧で不明瞭な表記となっており、明確な期間を示して目標到達を目指すという観点がないこともあります。

介護ソフトの関係で「6 か月と表記される」や「年月までの記載になる」という話もよく聞きますが、入居者や家族にとってわかりやすいことが何より重要です。ソフトの変更が難しいようならば、手書きで加筆修正するなど工夫をしてください。

わかりやすい書き方のポイント

①入居者の状況と目標内容により無理のない期間設定を検討・判断します。
②「○年○月○日～○年○月○日」とし、明確に目標期間がわかるような表記とします。

よくあるわかりにくい書き方の具体例

【不明確な時期設定】

- ・6か月（いつからいつまでの6か月なのか入居者にとって理解しにくい）
- ・年月～年月
- ・未記載

わかりやすい書き方の具体例

【明確な時期設定】

- ・年月日～年月日（令和○年○月○日～令和○年○月○日）
- ・短期目標期間は、援助期間と連動（同一）であること

5 ニーズと長期目標・短期目標の整合性

厚労省通知
なし

わかりやすい書き方の考え方

長期目標は、「生活全般の解決すべき課題（ニーズ）」に対応して設定されるべきものです。つまり、ニーズと長期目標は「対」になります。具体的にいうと、ニーズが「今は１人では転倒の不安があるが、１人で浴槽をまたいで入浴したい」であれば、長期目標は「１人で浴槽をまたいで入浴ができること」となります。

また、解決すべき課題は、段階的に達成されるものと考えられ、長期目標と短期目標は整合性がとれるようにする必要があります。以下は、その具体例です。

【例１】

ニーズ	歩行時に転倒の不安はあるが、自分でレストラン（食事場所）まで行きたい

↓

長期目標	70m 先のレストラン（食事場所）まで歩行器で往復することができる （期間　2021 年 4 月 1 日～ 2022 年 3 月 31 日）

↓

短期目標	70m 先のレストラン（食事場所）まで手引き歩行で往復することができる （期間　2021 年 4 月 1 日～ 2021 年 9 月 30 日）

ケアプラン作成時点では歩行に不安（危険）があり、１人でレストラン（食事場所）に行くことは難しい状況です。しかし、介助を受けることで、長期目標の段階的目標である短期目標は「手引き歩行で歩くこと」と設定します。そして、手引き歩行での安定性と歩行能力の向上という段階を経て、サービスを継続すると、2022 年 3 月 31 日には、自分で 70m 先のレストラン（食事場所）まで歩行器を使用して往復することができるようになる、という長期目標を達成し、ニーズを解決することになります。

【例 2】

ニーズ お尻（尾てい骨）に床ずれ（縦 3cm・横 2cm）があります

↓

長期目標 床ずれが完治します
（期間　2021 年 5 月 1 日～ 2021 年 10 月 31 日）

↓

短期目標 床ずれの大きさが縮小します（縦 2cm・横 1cm）
（期間　2021 年 5 月 1 日～ 2021 年 7 月 31 日）

入居者自身は、発語や判断が難しく、意思表示が困難ですが、現時点で尾てい骨に褥瘡があり治療が必要な状況です。褥瘡は、サポートを受けることで 6 か月後には完治が見込まれます（長期目標）。その段階的な到達点（短期目標）として、7 月 31 日までに褥瘡が縮小していることを設定します。

整合性をとるためのポイント

①入居者のもつニーズを、いつまでにどのレベルまで解決するのか（長期目標）を判断することが重要です（期間設定もその内容に連動します）。

②ニーズを解決した状態（長期目標）は、ケアプラン作成時の具体的な状態像（何ができているか・どの程度継続できているか等）をふまえて、実現可能な範囲で検討・判断します（長期目標）。

③短期目標は、最終的な状態像（長期目標）に対して、段階的な到達点を設定します。長期目標を実現するためには、「いつまでに○○ができている（している）ことが必要」という判断をもとに具体的な状態像を設定します。

わかりやすい書き方の具体例

● **清潔保持**

・ニーズ⇒身体にかゆみがあり寝られないときもあるが、全身にかゆみのない生活を送りたい
　長期　⇒身体の清潔（全身にかゆみがない）が保てていること
　短期①⇒ 1 日おきに入浴できていること
　短期②⇒左手でタオルを持ち、身体を拭けること

・ニーズ⇒両腕を上げるのは難しいが、自分で入浴できるようになりたい
　長期　⇒見守りを受け、自分で入浴できること

短期①⇒背中・頭以外は、自分で洗うことができること
短期②⇒衣類を自分で脱ぐことができていること

●**家事**

・ニーズ⇒足腰に自信がないが、自分でゴミを捨てに行けるようになりたい
長期　⇒ゴミ捨て場にゴミを自分で持っていけること
短期①⇒ゴミの分別ができること
短期②⇒自宅から玄関までゴミを出すことができること

・ニーズ⇒退院後で体力がないが、床ふきまで自分でできるよう回復したい
長期　⇒モップで床ふきを自分で行えること
短期①⇒食卓やテーブルをふくことができていること
短期②⇒立った姿勢を 10 分は継続できていること

・ニーズ⇒右手が痛むが、洗濯を自分でできるようになりたい
長期　⇒洗濯（干す・取り込む・たたむ・しまう）ができていること
短期　⇒見守りをうけながら、洗濯物を干すこと、取り込むことができること

・ニーズ⇒長い時間は起きていられないが、自分で調理ができるよう回復したい
長期　⇒自分で調理ができるようになること
短期　⇒座った姿勢で調理の下準備（洗う・切る等）ができるようになること

●**生活動作**

・ニーズ⇒左手の動きを改善させて、身だしなみは自分で整えたい
長期　⇒身だしなみ（ひげと髪）を整えることができていること
短期①⇒頭や口の付近まで、手を動かすことができていること（可動域を広げる）
短期②⇒鏡を見て、くしを持って髪をとかせていること

・ニーズ⇒足の運びに不安定さがあるが、車の乗り降りは 1 人でしたい
長期　⇒車の乗り降りができるようになること
短期①⇒車の乗降時に車内外で介助を受けることで、車の乗り降りができていること
短期②⇒玄関から車まで歩行器で移動できていること

・ニーズ⇒長い距離を歩けないが、トイレで用足しができるよう回復したい
長期　⇒トイレで用を足すことができること
短期①⇒居室からトイレまで歩けること
短期②⇒居室からリビングまで手すりを使って移動できること

・ニーズ⇒昼に寝ることが多いが、夜に睡眠をとれる生活を取り戻したい
長期　⇒夜に 6 時間の睡眠がとれていること（日中に寝ないこと）
短期　⇒日中横になる時間が 4 時間から 2 時間になること

●**歩行、移動**

・ニーズ⇒歩行に不安があるが、スーパーマーケットまで買い物に行けるようにな

りたい
長期　⇒１人でコミュニティバスに乗り、スーパーマーケットへ出かけられること
短期　⇒バス乗り場まで行くことができること
・ニーズ⇒右足の痛みはあるが、屋内の移動は自分でできるようになりたい
長期　⇒屋内の移動が自分でできること
短期　⇒付き添いにて、居室からリビングへの移動ができること
・ニーズ⇒左足の運びが悪いが、浴室に１人で入れるよう回復したい
長期　⇒浴室に１人で入ることができること
短期　⇒部屋から脱衣室まで移動できること
・ニーズ⇒転倒の不安があるが、屋内を杖歩行ができるようになりたい
（残存機能が活かされていない状況で、回復の可能性がある）
長期　⇒杖を使用して屋内を歩けていること
短期　⇒歩行器を使用して屋内を歩けていること
・ニーズ⇒150m は自分で歩けるが、最寄り駅まで歩けるようになりたい
長期（12 か月）⇒最寄り駅（800m）まで歩行できていること
短期（3 か月）　⇒見守りにて、屋外を 300m 歩行できること
短期（6 か月）　⇒500m 歩行できること

●保健医療

・ニーズ⇒服薬を忘れることがあるが、服薬を忘れない生活を送りたい
長期　⇒自分で服薬カレンダーを活用し、薬が飲めていること
短期　⇒声かけを受けて、服薬カレンダーから薬を取り出し、服用できていること
・ニーズ⇒糖尿病が心配だが、糖尿病が原因の入院はせずに生活したい
長期　⇒糖尿病が原因で入院しないこと（空腹時の血糖値 110㎎ /dL 以下）
短期　⇒糖尿病の薬を飲み忘れることがないこと
・ニーズ⇒食欲不振で体重が減ったが、元気に生活できる体重を取り戻したい
長期（12 か月）⇒55kg（標準内）の体重になること
短期（3 か月）　⇒体重が 50kg → 52kg になること
短期（6 か月）　⇒体重が 52kg → 53kg になること
・ニーズ⇒血圧が高くめまいのあるときがあるが、めまいのない生活を送りたい
長期（12 か月）⇒血圧が上 130・下 70mmHg 以下になること
短期（6 か月）　⇒血圧が上 140・下 80mmHg 以下になること

+α 図で整理するニーズと目標

1 ニーズ

● 本人がニーズを解決する意欲がある（認識がある）場合

	現在の状況	＋	なりたい姿（具体的な状態）	
例①	食欲が湧かないが、	＋	体重を平常に戻したい	（改善）
例②	服薬を忘れることがあるが、	＋	入院をしない生活をしたい	（改善）
例③	ふらつくこともあるが、	＋	トイレまでの移動を継続したい	（維持）
例④	右手に不自由さはあるが、	＋	調理を継続して行いたい	（維持）

● 本人がニーズを解決する意欲がない（認識がない）場合

	現在の状況
例①	お尻に床ずれ（縦 4cm、横 2cm）があります
例②	体重が減っています（1 月～6 月で 4kg 減少）
例③	足の痛みがあり家事（掃除・洗濯）が困難な状況です
例④	自宅内で転倒することがあります（9 月～10 月で 3 回）

2 ニーズ+長期目標

● ニーズと長期目標は「対（つい）」

例①

ニーズ	ふらつくこともあるが、 ＋ 自分でトイレに行きたい	（改善）
長期目標	自分でトイレに行けていること	

例②

ニーズ	ふらつくこともあるが、 ＋ トイレまでの移動を継続したい	（維持）
長期目標	トイレまでの移動が継続できていること	

3 ニーズ+長期目標+短期目標

● 短期目標は、長期目標を達成するための段階的な目標

例①

ニーズ	ふらつくこともあるが、 ＋ 自分でトイレに行きたい	（改善）
長期目標	自分でトイレに行けていること	
短期目標	①自宅のリビングまで歩いて行けること ②便座に腰かけられること	

例②

ニーズ	右手に不自由さはあるが、 ＋ 調理を継続して行いたい	（維持）
長期目標	調理を継続して行えていること	
短期目標	焼く、切るの工程が見守りを受けて継続できていること	

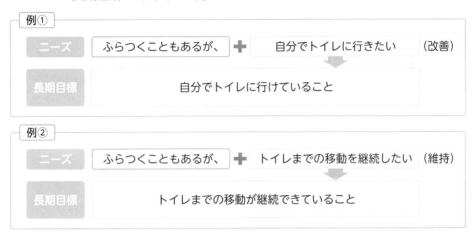

6 サービス内容

厚労省通知

「短期目標」の達成に必要であって最適なサービスの内容とその方針を明らかにし、適切・簡潔に記載する。

この際、できるだけ家族による援助も明記し、また、当該施設サービス計画作成時において既に行われているサービスについても、そのサービスがニーズに反せず、利用者及びその家族に定着している場合には、これも記載する。

なお、理美容サービスや特別の食事など保険給付対象外のサービスについて○印を付すと管理しやすい。

※下線は筆者

わかりやすい書き方の考え方

サービス内容を適切・簡潔に、支援のポイントを絞って記載します。具体的には、「リビングの清掃・浴室の清掃」「トイレの介助」「歩行の訓練」「手指を使用したリハビリテーション」「床ずれの処置」というように記載します。

家族等によるインフォーマルサポートなど介護保険サービス以外のサービス・サポートも記載します。その範囲は、定例的なサポートであることと、月単位程度で行われていることを軸として記載します。

入居者自身が「していること、できていること」はセルフケアとして記載します。加算名（例：口腔衛生管理加算）を記載する必要はありません（そもそも本欄は加算内容を記載する欄ではありません）。なお、理美容サービスや特別な食事など、保険給付対象外についても、ニーズに対応している場合には記載して○印をつけるなど工夫してください。

わかりにくい書き方の特徴

簡潔すぎるために支援内容がわからないこと（例：機能訓練）や、目標に対する整合性がないことがあります。また、介護保険以外のサービスや家族等のインフォーマルサポートがあるにもかかわらず記載されていないことがあります。さらに、入居者がしていることやできていること（セルフケア）があるにもかかわらず、その記載がないこともあります。

わかりやすい書き方のポイント

①サービス内容が複数になる場合には①、②と箇条書きにするなど見せ方の工夫をします。

②どこの身体部位のどのような支援か（例：下半身のリハビリテーション）などを適切・簡潔に記載します。

③支援内容とセルフケアのそれぞれの違いがわかるよう表記を工夫します。

衣類を脱ぎ、居室内の洗濯カゴに入れる（担当者欄に「本人」と記載）
洗濯機を回す（担当者欄に「介護職」と記載）
洗濯物干し（担当者欄に「本人と介護職」と記載）
取り込みと小さな衣類たたみ（担当者欄に「本人」と記載）
大きな衣類等のたたみと整理・収納（担当者欄に「介護職」と記載）

よくあるわかりにくい書き方の具体例

【簡潔すぎて支援内容がわからない】

・家事を支援します
・入浴、診察、リハビリテーション（単語のみ表記）
・機能訓練
・生活全般を支援します

わかりやすい書き方の具体例

【簡潔で具体的な内容になっている】

●生活支援

・掃除（寝室・リビング）を一緒に行います（担当者欄に「本人と介護職」と記載）
・服薬について声かけし、服薬をサポートします（担当者欄に「介護職」と記載）
・入浴時に背中等を洗います（担当者欄に「介護職」と記載）
・右膝にサポーターを装着します（担当者欄に「本人」と記載）
・お尻（床ずれ）の処置をします（担当者欄に「看護師」と記載）

●リハビリテーション

・下半身の訓練を行います（歩行と関節の動き）（担当者欄に「理学療法士」と記載）
・手指を動かしやすくする訓練を行います（担当者欄に「作業療法士」と記載）
・言葉を発しやすくする訓練を行います（担当者欄に「言語聴覚士」と記載）

●セルフケア

・薬の袋を自分で切って飲みます（担当者欄に「本人」と記載）
・玄関まで新聞をとりにいきます（担当者欄に「本人」と記載）
・入浴時には身体の前部を洗います（担当者欄に「本人」と記載）
・洗濯物をたたみます（担当者欄に「本人」と記載）
・朝と夕方に歩行の自主訓練をします（施設から200m先の公園の往復）（担当者欄に「本人」と記載）

●インフォーマルサポート

・○○病院の受診に同行します（担当者欄に「長女」と記載）
・3丁目のサロンまで送迎します（担当者欄に「次男」と記載）

7 担当者

厚労省通知

記載した「サービス内容」に基づきサービスを提供する「担当者」を記載する。

わかりやすい書き方の考え方

担当者は、職種名で記載します。家族が行う部分は「続柄」（例：次女）で記載し、セルフケアの場合には「本人」と記載します。ケアプランは入居者にわかりやすいことが前提であり、かつ正式書類ですので、略字や専門用語は使用せず、正式な言葉を使用します。

わかりにくい書き方の特徴

略語が使用されていたり（例：リハ・OT・Ns・ケアマネ）、続柄でなく「家族」という表記になっていたりすることがあります。また、サービス内容が多いとき、どのサービスを誰が担当するのかが整理されておらず、わかりにくいこともあります。

わかりやすい書き方のポイント

①入居者にわかりやすく記載します（略語は使いません）。
②家族等は、続柄・間柄で記載します。
③セルフケアは、「本人」と記載します。

8 頻度

厚労省通知

「頻度」は、「サービス内容」に掲げたサービスをどの程度の「頻度（一定期間内での回数、実施曜日等）」で実施するかを記載する。

※下線は筆者

わかりやすい書き方の考え方

頻度は、標準的に想定されている回数や時間を記載します。突発的な変更については、理由等を支援経過記録に記載します。突発的な変更が入居者側の都合により頻回にあるようであれば、ケアプランの見直し・変更を検討してください。

週単位（月単位）の回数と実施曜日を記載します。1日に複数回実施する場合には、1日何回と記載します。「随時・必要時」ではなく、可能な限り「想定される場面や状況」を記載します。具体的には、「歩行時」「トイレ時」「睡眠時」等、その場面や状況で記載します。

同様のサービス（例：リハビリテーション）を複数回にわたり利用している場合には、曜日や時間等を明記します（例：週2回火・水　10：00～11：00）。

わかりにくい書き方の特徴

「必要時」という記載に対して「必要」な状況が記されていなかったり、なぜ必要なのかが不明瞭なことがあります。また、「週3～4回」と記載されていることがありますが、なぜ、3回の日と4回の日があるのかがケアプランから読み取れないことがあります。その他、頻度欄のすべてが「随時」となっており、「いつ、誰が、何をするのか」、すべてが曖昧な表記もみられます。

わかりやすい書き方のポイント

①日・週・月という単位で記載します。

②必要時・随時という書き方は基本的に使用せず、「場面や状況」を想定して記載します。

よくあるわかりにくい書き方の具体例

【具体的な状況や時間等が不明】

・随時

・必要時

・未記載

・週１～２回

わかりやすい書き方の具体例

【具体的かつ明解な表現】

・週１回（火）

・月２回（第１・３の木）

・１日３回（10：00・12：00・18：00）

・トイレ時

・歩行時

9 期間

厚労省通知

「期間」は、「サービス内容」に掲げたサービスをどの程度の「期間」にわたり実施するかを記載する。
なお、「期間」の設定においては「認定の有効期間」も考慮するものとする。

わかりやすい書き方の考え方

期間は、基本的に「短期目標の期間」と同一とします。その理由として、「サービス内容」は、「短期目標」の達成に必要である最適なサービスであるためです。また、期間は、年月日～年月日で表記し、ケアプランの同意日以降を期間のスタート日となるよう留意してください。

わかりにくい書き方の特徴

長期目標の期間と同じ期間になっていることがあります。前述したように、「サービス内容」は、「短期目標」の達成に必要となる最適なサービスであるため、短期目標と同一期間であるということになります。
また、「6 か月」というような表記は、入居者等にとって、期間の始まりと終わりがわかりにくいということから望ましくありません。

わかりやすい書き方のポイント

①短期目標の期間と連動する（同一になる）ようにします。
②期間は、〇年〇月〇日～〇年〇月〇日で表記します。
③説明・同意・交付日以降の期間設定にします。

よくあるわかりにくい書き方の具体例

【期間が不明確】
- 3か月
- 未記載
- 長期目標期間と同一期間
- 2021年1月～5月（月までの記載）

わかりやすい書き方の具体例

【期間が年月日であるため明確】
- 2021年1月1日～2021年5月31日
- 令和3年3月1日～令和3年8月31日

第3表

週間サービス

利用者名　　　　　　　　殿

① p.60

		月	火	水	木
深夜	4:00				
早朝	6:00				
午前	8:00				
	10:00				
午後	12:00				
	14:00				
	16:00				
夜間	18:00				
	20:00				
深夜	22:00				
	24:00				
	2:00				
	4:00				

週単位以外のサービス	

③ p.64

(注)「日課計画表」との選定による使用可。

計画表

作成年月日　　　年　　　月　　　日

年　　月分より

金	土	日	主な日常生活上の活動

② p.62

3 第 3 表　週間サービス計画表

1 週間サービス計画表

厚労省通知
なし

わかりやすい書き方の考え方

週間サービス計画表は、入居者の 1 週間と 24 時間の基本的な予定を一目で確認できます。これにより、入居者や家族、支援チームのメンバーは、具体的に入居者の生活の全体像が把握できることとなります。

支援内容は時間軸に合わせ記載します。また、週単位の介護保険サービス等の公的サービスのほか、インフォーマルサポート（家族・ボランティアなど）も記載します。また、支援内容は正確に記載し、略語（例：リハ、レク）は使用しません。入居者等にわかりやすいことを最優先にしてください。

わかりにくい書き方の特徴

「ケアプランの書き方」の基本の「き」でも記述しましたが、罫線がずれていて見えにくい（罫線に文字が重なっている)、略語で記載している（例：リハ、レク）など、入居者等にわかりにくい表記となっていることがあります。

その理由を、施設で使用しているソフトの責任にするケアマネジャーがいますが、入居者へのわかりやすさという点において、それは理由になりません。

また、第 2 表のサービス内容と第 3 表の週間サービス計画表が合っていないなど、整合性を欠くものもありますので注意しましょう。

わかりやすい書き方のポイント

①支援内容を時間軸に合わせ記載します（担当者名は不要です。その際に略語は使用しません）。
②介護保険サービス以外のインフォーマルサポート（家族・ボランティアなど）も記載します。
③支援内容が枠内に入りきらない場合には、時間軸にとらわれずに記載し、時間を併記します（例：リハビリテーション　13：00～14：00）。

よくあるわかりにくい書き方の具体例

【支援内容が曖昧になっている】

・整容全般
・ナイトケア

【専門用語等が多い】

・排泄ケア
・水分補給
・軟膏塗布
・摂取量確認

わかりやすい書き方の具体例

・朝の身だしなみケア
・服薬ケア　22：30～22：40
（罫線の枠におさまらない場合は時間を明記する、罫線の枠を広くとる等の工夫をします）
・リハビリテーション
・レクリエーション
・入眠の確認

2 主な日常生活上の活動

厚労省通知

利用者の起床や就寝、食事、排泄などの平均的な一日の過ごし方について記載する。なお、当該様式については、時間軸、曜日軸の縦横をどちらにとってもかまわない。また、第4表「日課計画表」との選定による使用を可能とする。

わかりやすい書き方の考え方

入居者の1日の平均的な過ごし方について記載します。平均的な生活スケジュールを把握することで、生活の全体像がみえてくるだけでなく、サービスの提供時間等について、生活リズム等を加味したケアマネジメントが可能となります。具体的には、起床や就寝、食事やトイレ等といった活動内容だけでなく、活動量（例：散歩、30分）も記載します。リビングで過ごす、ベッドで寝ているという内容も暮らしの一部ととらえて把握し、記載することが望ましいです。

わかりにくい書き方の特徴

何も記載されていなかったり、食事（朝食・昼食・夕食）のみ記載されていたりすることがあります。それは、入居者の暮らしを把握（理解）していないということであり、入居者の暮らしのリズム等を加味したケアマネジメントになっていないということになります。また、入居者本人の活動ではなく、支援者の行う支援が記載されていることもあります。ここでは、入居者の暮らしに焦点を当てることが大切であり、支援する側の予定を記入する欄ではないことに留意が必要です。

わかりやすい書き方のポイント

①入居者の１日の平均的な過ごし方について記載します。
②活動量についても記載します。
③単語や短文で簡潔に記載します。

よくあるわかりにくい書き方の具体例

【支援者の予定が記載されている】

・口腔ケア
・入浴介助
・外周散歩介助
・体位変換

【暮らしの一部だけが記載されている】

・朝食・昼食・夕食
・起床・就寝

わかりやすい書き方の具体例

【簡潔で活動量が示されている】

・昼食の温め調理（10分）
・昼寝（約60分）
・屋外の散歩（約30分）
・歩行の自主トレーニング（45分程度）

※時間は必ずしも記載する必要はないが、記載したほうがわかりやすい場合には記載することが望ましい

3 週単位以外のサービス

厚労省通知
なし

わかりやすい書き方の考え方

入居者にかかわる医療保険等の公的サービスだけでなく、家族やボランティア等によるインフォーマルサービスについても記載し、入居者を取り巻くサポートの全体像がわかるように記載します。インフォーマルサポートを位置づける場合には、必要に応じてサポーターの承諾を得るようにしてください。無許可であることで不和が生じたり、位置づけられたことで義務のように感じてしまったりするなどの危険性もあります。また、各サポートの頻度やサポート主体（病院名、施設名）も併せて記載します。

わかりにくい書き方の特徴

記載が全くない（未記載）ことや、記載があったとしても介護保険以外のサービスやサポートが記載されていなかったり、頻度が記載されていなかったりすることがあります。それは、入居者の暮らしやサービスの活用状況といった生活の全体像の把握が不十分であることになります。

わかりやすい書き方のポイント

①週単位以外の介護保険サービスや医療保険等の公的サービスを記載します。
②週単位以外の家族やボランティア等によるインフォーマルサポートを記載します。

わかりやすい書き方の具体例

【頻度の記載がある】
・○○大学病院○○科　通院（月１日　第２火）
・整体マッサージ（月２回　第１・第３水）
【インフォーマルサポートが位置づけられている】
・傾聴サポート（２週間に１回　民生委員）
・将棋サポート（月１回　第２火　知人）
・美容院（２か月に１回　次女）

第4表 日課

利用者名　　　　　　　　殿

		共通サービス	担当者	個別サービス
深夜	4:00			
早朝	6:00			
午前	8:00			
	10:00			
午後	12:00			
	14:00			
	16:00			
夜間	18:00			
	20:00			
深夜	22:00			
	24:00			
	2:00			
	4:00			
随時実施するサービス				
その他のサービス				

② p.70

④ p.73

⑤ p.74

（注）「週間サービス計画表」との選定による使用可。

計画表

作成年月日　　　　年　　　月　　　日

① p.68

③ p.71

	担当者	主な日常生活上の活動

共通サービスの例
食事介助 　朝食 　昼食 　夕食 入浴介助（　　曜日） 清拭介助 洗面介助 口腔清掃介助 整容介助 更衣介助 排泄介助 水分補給介助 体位変換

4 第4表　日課計画表

1 日課計画表

厚労省通知
なし

わかりやすい書き方の考え方

日課計画表は、入居者の24時間の基本的な予定を一目で確認できます。これにより、入居者や家族、支援チームは、具体的に入居者の生活の全体像を把握できることとなります。

共通サービス・個別サービスそれぞれの内容を時間軸に合わせ記載します。主な日常生活上の活動は、第3表の週間サービス計画表の書き方（p.62）を参照してください。

わかりにくい書き方の特徴

「ケアプランの書き方」の基本の「き」でも記述しましたが、罫線がずれていて見えにくい（罫線に文字が重なっている）、略語で記載している（例：リハ、レク）など、入居者にわかりにくい表記となっていることがあります。

上記の理由を、施設で使用しているソフトの責任にするケアマネジャーがいますが、入居者へのわかりやすさという点において、それは理由になりません。

また、第2表のサービス内容と第4表の日課計画表が合っていないなど、整合性を欠く内容となっているものもありますので注意しましょう。

わかりやすい書き方のポイント

①支援内容を時間軸に合わせ記載します（その際に略語は使用しません）。
②介護保険サービス以外のインフォーマルサポート（家族・ボランティアなど）も記載します。
③支援内容が枠内に入りきらない場合には、時間軸にとらわれずに記載し、時間を併記します（例：リハビリテーション　13：00～14：00）。

よくあるわかりにくい書き方の具体例

【支援内容が曖昧になっている】

・整容全般
・ナイトケア

【専門用語等が多い】

・排泄ケア
・水分補給
・軟膏塗布
・摂取量確認

わかりやすい書き方の具体例

・口腔リハビリテーション（15：00～16：00）
・庭の水まきの見守り（10：00～10：30）

2 共通サービス及び担当者

厚労省通知

「共通サービス」及び「担当者」には、日常の業務として他の利用者と共通して実施するサービス（右欄「共通サービスの例」参照）とその担当者を記載する。

わかりやすい書き方の考え方

共通サービスは、施設の生活においてすべての入居者に約束された共通のサービス内容を記載します。具体的には、食事や入浴などすべての入居者に提供されるサービスを指します。入居者や家族にわかるよう平易な言葉で表記し、時系列でサービス内容を把握できるようにします。担当者の欄には、職種を記載します（担当者個人名ではありません）。また、「共通サービスの例」欄の記載内容と「共通サービス」欄の記載内容は合致するよう配慮してください。

わかりやすい書き方のポイント

①すべての入居者に提供される基本サービスを記載します。
②時系列で、１日のサービススケジュールを網羅します。
③専門用語やわかりにくい単語を使用せず、入居者に理解しやすい表記にします。

わかりやすい書き方の具体例

【サービス内容が具体的でわかりやすい】

・睡眠状況の確認
・整容の見守り
・朝食、昼食、夕食（の介助、の支援、の見守り）
・就寝の準備
・健康状態の確認

※基本的に「ケアの内容」であるため、「食事のケア」「睡眠のケア」などと記載しない

【担当者が職種で明確に記載されている】

・介護職員（介護士）　・事務職員
・管理栄養士　・ケアマネジャー

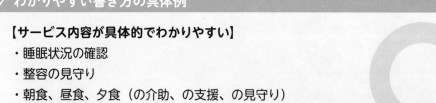

3 個別サービス及び担当者

厚労省通知

「個別サービス」及び「担当者」には、当該利用者に個別に実施するサービスとその担当者を記載する。

わかりやすい書き方の考え方

個別サービスは、共通サービス（例：食事や入浴）ではない、一人ひとりの入居者に提供されるサービス内容を記載します。第２表に明記されているサービス内容、また、第２表に位置づけられていないが入居者に実施しているサービスを記載します（例：毎朝９時に事務員が朝刊を居室までもっていきます）。入居者や家族にわかりやすい表記とし、専門用語は平易な言葉に置き換える等の工夫をします。また、担当者の欄は、職種を記載します。

また、共通サービスと同じ内容が個別サービスにも記載されていることがあるので、注意します。

わかりやすい書き方のポイント

①共通サービスとは異なる、入居者一人ひとりに対応したサービス内容を記載します。
②第２表には明記していないが、日常的に個別に行っているサービス内容を記載します。

わかりやすい書き方の具体例

【サービス内容が具体的でわかりやすい】

・散歩の見守り（介護職）
・着替え・洗顔の声かけ（介護職）
・歯磨きの準備（介護職）
・食事量の確認（朝・昼・夕）（管理栄養士）
・朝刊を居室へ届ける（事務職員）
・体操タイムの声かけ（機能訓練指導員）

・床ずれの処置（看護師）

【担当者が職種で明確に記載されている】

・看護師

・機能訓練指導員

・理学療法士

・ケアマネジャー

・傾聴ボランティア

4 随時実施するサービス

厚労省通知

なし

わかりやすい書き方の考え方

随時実施するサービスは、時間や場所、担当者が明確に定まらないサービスを記載します。具体的には、入居者の変化（例：急に不安が強くなり大きな声を出して混乱する、自宅に帰りたいと言い興奮する、心因性による体調不良を訴える発言が頻回にある）に対して、その都度行うべきサービス（ケア）を記載します。担当者の欄は、想定される専門職等をすべて記載します。

わかりやすい書き方のポイント

①時間や場所が明確でない日常場面で生じる入居者の異変等に対応したサービスを記載します。

②担当者の欄は想定される専門職等をすべて記載します。

わかりやすい書き方の具体例

【サービス内容が具体的でわかりやすい】

・心配事がある場合には、話を伺います

・家族と話したいと希望したときは電話します（家族が承諾していることが条件）

・足が冷えている場合には足浴をします

【担当者が職種で明確に記載されている】

・施設長

・事務職員

・ケアマネジャー

・介護主任

・生活相談員

5 その他のサービス

厚労省通知

なし

わかりやすい書き方の考え方

週単位・月単位などで継続的に行われているサービス等を記載します。フォーマル・インフォーマルを問わずに、内容と頻度を記載します。具体的には、フォーマルサービスであれば「○○大学病院○○科　通院　２か月に１回　介護職員」、インフォーマルサポートであれば、「傾聴サポート　月１回　民生委員」というように記載します。できれば「誰が行うか」を共通サービスや個別サービスの「担当者」と同じように記載するとよいでしょう。また、家族が実施する場合には、続柄で記載します。

わかりにくい書き方の特徴

記載が全くない（未記載）ことがあり、記載があったとしても介護保険以外のサービスやサポートが位置づけられていなかったり、頻度の記載がなかったりすることがあります。それは、入居者の暮らしやサービスの活用状況といった生活の全体像の把握が不十分であることになります。

わかりやすい書き方のポイント

①週単位、月単位などで継続的に行われているフォーマルサービス・インフォーマルサポートを書きます。
②内容と頻度を記載します。

わかりやすい書き方の具体例

【サービス内容が具体的でわかりやすい】

・○○病院内科　通院　月１回　三女
・美容院　２か月に１回　長男
・個人車いすの定期点検　３か月に１回　○○用具
・レストランで食事　２週間に１回　長女
・○○市写真展見学　年２回　次男

Column

施設ケアマネの仲間をつくろう♪

施設ケアマネジャーの仕事環境の特徴として、「１人仕事」という言葉を思い浮かべることがあります。その理由は、100 対１の人員基準からもわかるとおり、施設内に同一職種が少ないからです。ケアマネジャーの仕事内容や、ケアマネジャーの役割、ケアマネジャーならではの悩み等を共有したりする相談相手が少ないということです。

また、地域の介護支援専門員連絡会等においても居宅ケアマネジャーに比べて会員等の絶対数が圧倒的に少ないことから、施設ケアマネジメント特有の悩みを相談しやすい土壌になっていないことがあります。

ある日のケアプラン点検の面談での１コマです。

筆者が「ケアマネジャーとして入居者・家族とほかの専門職の間で上手にマネジメントされていますね。このケースは、特にそのあたりの葛藤や配慮があったと読み取れましたよ」と点検を受けていたケアマネジャーにお伝えすると、ポロポロと涙を流されました。

「いつも悩みながら、１人でやっています。ケアマネジャーとして、これでいいのか、この対応で適切か、時に不安に思うことがあります。自分のしてきた仕事に対して、はじめてそんなふうに言っていただきうれしくて、ホッとして…」。

専門職は、専門職である限りユーザーに対し、全力で、最大限の知識と技術とハートをもってサポートします。しかし、専門職も人間です。完璧な人などいないのです。どんなにベテランであっても「完璧」ではないのです。だからこそ、同じ職種や同じような環境にいる「仲間（相談相手）」をつくることを常に頭においてみましょう。仲間の存在は、自分の成長につながり、何よりお互いの支えになります。

第3章

施設ケアプランの具体的な記載事例

事例は、施設種別によって掲載しました。介護老人福祉施設（以下、特別養護老人ホーム）、認知症対応型共同生活介護（以下、グループホーム）、介護老人保健施設、特定施設入居者生活介護（以下、介護付き有料老人ホーム）の施設事例です。それぞれの施設の特徴を踏まえた事例としています。

特別養護老人ホームについては、要介護３以上の入居者で現段階では自宅での生活が困難であるような事例、グループホームでは、認知症による症状等に配慮しながら本人ができることを維持していくような事例、介護老人保健施設においては、自宅での生活を目指したリハビリテーション等を中心とした事例、介護付き有料老人ホームにおいては、要介護１、２の入居者が持病等に対応しながら生活の場でできることを増やしていくような事例としました。

事例の内容については、今回は書き方の具体例を紹介するという部分に重点をおいています。内容の整合性等よりも「書き方」に着目して参考にしていただければと思います。また、この書き方は、あくまでも一例として参考程度に見ていただき、実際には入居者の状況や理解度等を総合的に加味・判断して表記していただければと思います。

【事例概要】

1　特別養護老人ホーム

①歩行時にふらつき等があるが、数時間でも自宅で過ごすことを目指す（要介護３）
②大腸がん進行のなかで、状態の変化を常に観察し、痛みを和らげる（要介護４）
③誤嚥性肺炎を防止しながら、ベッド以外でも過ごせるようにする（要介護５）

2　グループホーム

④もの盗られ妄想や徘徊があるが、夜間眠れることを目指す（要介護３）
⑤医療面への不安を軽減し、地域の友人との関係性を継続する（要介護２）
⑥パーキンソン症状の悪化を防ぎ、部屋以外でも過ごせるようにする（要介護２）

3　介護老人保健施設

⑦立ち上がり、トイレ動作等を訓練し、自宅での生活を目指す（要介護４）
⑧脳卒中の後遺症があるが、歩行・嚥下訓練等を行い、ADL 向上を目指す
（要介護３）

4　介護付き有料老人ホーム

⑨膝の痛みがあるが、ほかの入居者等とともに買い物に行けるようにする（要介護１）
⑩糖尿病が悪化しないよう、血糖値、体重を管理しながら過ごす（要介護２）

1 特別養護老人ホーム

①歩行時にふらつき等があるが、数時間でも自宅で過ごすことを目指す

男性（80代）、右大腿骨頸部骨折、要介護3

・両膝関節症による痛み、歩行時のふらつきがあり、自宅内で転倒による打撲等を繰り返す。
・リビングで転倒し、右大腿骨頸部骨折により入院。トイレや歩行が困難。
・妻の介護力等の理由もあり3か月前に施設に入居。ふらつきなく歩行し、少しでも自宅で過ごせる時間をもてるようになることを目指す。

第1表

施設サービス計画書（1）

作成年月日 令和３年　５月22日

初回・紹介・(継続)　　(認定済)・申請中

利用者名　佐々木　洋介　殿　　生年月日 昭和15年 12月 24日　　住所　○○県○○市

施設サービス計画作成者氏名及び職種　中井　春花　介護支援専門員

施設サービス計画作成介護保険施設名及び所在地　介護老人福祉施設　平和（ピンフ）・○○県○○市

施設サービス計画作成(変更)日 令和３年　５月22日　　初回施設サービス計画作成日 令和３年　３月　１日

認定日 令和３年　２月　１日　　認定の有効期間 令和３年　２月　１日　～ 令和４年　１月31日

要介護状態区分	要介護１　・　要介護２　・　(要介護３)　・　要介護４　・　要介護５
利用者及び家族の生活に対する意向	（本人）①自宅に戻りたい気持ちはあるが、自宅での生活は難しいと思う。妻の体調とも相談しながら、数時間でもいいから自宅で過ごせるようになりたい。 ②今は（令和３年５月20日）、トイレも手伝いが必要だがリハビリテーションを頑張るので、トイレは１人で何としてもできるようになりたい。 ③昔から集団行動が苦手だった。なので、集団での体操やレクリエーション等は参加しないという選択をすることもわかっていてほしい。 （妻）　①本人は人一倍プライドがあり、そして、頑張り屋だった。結果的に自宅で骨折してしまったけど、それは一生懸命頑張った末に起きたことだと理解してあげてほしい。なので、本人が「やりたいこと」は、させてあげてほしい。家族としては、その結果に事故が起きても受け止める覚悟があります。 ②寂しがり屋の一面があるので、週１回は面会して、できるだけ長く一緒にいてあげたいと思う。 （長女）①夫婦二人三脚でここまで頑張ってきました。父の望む数時間の外出は、何とか実現してあげたいので、サポートをお願いしたい。
介護認定審査会の意見及びサービスの種類の指定	記載なし。
総合的な援助の方針	令和３年３月１日にご入居され約３か月（５月22日）が経過しました。 「数時間でも自宅で暮らす」の大目標の実現に向け、1．歩行と移動のリハビリテーション、2．体重を減らすことの２点を重要ポイントとして支援します。 頑張りすぎる性格でもあるので、支援チームとして、足の運びや疲労度等を確認しながら、必要な声かけやサポートを行います。

第2表

施設サービス計画書（2）

作成年月日　令和3年　5月　22日

利用者名　佐々木　洋介 殿

生活全般の解決すべき課題（ニーズ）	目標				援助内容			
	長期目標	（期間）	短期目標	（期間）	サービス内容	担当者	頻度	期間
歩行時にふらつくこと（右ひざ折れ）があるが、居室内を転倒することなく、自分の力で移動したい。	居室内を杖やつかまり歩行で転倒なく移動できること。	令和３年 ６月１日～ 令和３年 11月30日	居室内をＵ字型の歩行器を使用して移動できること。	令和３年 ６月１日～ 令和３年 ８月31日	①移動・歩行のリハビリテーション。 ②Ｕ字歩行器による食堂までの往復の移動サポート。 ③ベッド上での足上げ運動（左右　各20回）。	①機能訓練指導員 ②介護職員 ③本人	週１回（火） 毎食事時 １日５回	令和３年 ６月１日～ 令和３年 ８月31日
体重が重いために（82kg）身体を自由に動かしにくいが、体重を減らすことで、ふらつくことなく歩行できるようになりたい。	体重が79kgになり、ふらつかずに歩行できていること。	令和３年 ６月１日～ 令和３年 11月30日	体重が80kgになっていること。	令和３年 ６月１日～ 令和３年 ８月31日	①体力低下を起こさない食事の提供と食事状況の確認。 ②Ｕ字歩行器による食堂までの往復の移動サポート。 ③ベッド上での足上げ運動（左右　各20回）。	①管理栄養士 ②介護職員 ③本人	毎食事時 毎食事時 １日５回	令和３年 ６月１日～ 令和３年 ８月31日

第3表

週間サービス計画表

作成年月日　令和3年　5月　22日
令和3年　6月分より

利用者名　佐々木　洋介 殿

		月	火	水	木	金	土	日	主な日常生活上の活動
深夜	4:00								
	6:00	足上げ（本人）	足上げ（本人）	足上げ（本人）	足上げ（本人）	足上げ（本人）	足上げ（本人）	足上げ（本人）	起床（ひげ剃りと整髪）
早朝		食堂までの歩行見守り	食堂までの歩行見守り	食堂までの歩行見守り	食堂までの歩行見守り	食堂までの歩行見守り	食堂までの歩行見守り	食堂までの歩行見守り	
		栄養食の提供	栄養食の提供	栄養食の提供	栄養食の提供	栄養食の提供	栄養食の提供	栄養食の提供	朝食
午前	8:00								
		足上げ（本人）	足上げ（本人）	足上げ（本人）	足上げ（本人）	足上げ（本人）	足上げ（本人）	足上げ（本人）	
	10:00								
		食堂までの歩行見守り	食堂までの歩行見守り	食堂までの歩行見守り	食堂までの歩行見守り	食堂までの歩行見守り	食堂までの歩行見守り	食堂までの歩行見守り	
午後	12:00	栄養食の提供	栄養食の提供	栄養食の提供	栄養食の提供	栄養食の提供	栄養食の提供	栄養食の提供	昼食
		足上げ（本人）	足上げ（本人）	足上げ（本人）	足上げ（本人）	足上げ（本人）	足上げ（本人）	足上げ（本人）	（午後はリビングで過ごす）
	14:00		リハビリテーション（機能訓練指導員）						おやつ
		足上げ（本人）	足上げ（本人）	足上げ（本人）	足上げ（本人）	足上げ（本人）	足上げ（本人）	足上げ（本人）	
	16:00								（部屋でテレビを観る）
		食堂までの歩行見守り	食堂までの歩行見守り	食堂までの歩行見守り	食堂までの歩行見守り	食堂までの歩行見守り	食堂までの歩行見守り	食堂までの歩行見守り	
夜間	18:00	栄養食の提供	栄養食の提供	栄養食の提供	栄養食の提供	栄養食の提供	栄養食の提供	栄養食の提供	夕食
		足上げ（本人）	足上げ（本人）	足上げ（本人）	足上げ（本人）	足上げ（本人）	足上げ（本人）	足上げ（本人）	
	20:00								就寝
深夜	22:00								（夜間２時間おきにトイレ）
	24:00								
	2:00								
	4:00								

週単位以外のサービス	理髪店（月１回　次女付き添い・送迎） 嘱託医師による診察（月２回　第２水・第４水）

（注）「日課計画表」との選定による使用可。

②大腸がん進行のなかで、状態の変化を常に観察し、痛みを和らげる

女性（80 代）、大腸がん、要介護 4

・2 年前に脳梗塞で倒れ、1 か月ほど入院。その後、長女宅で福祉用具を活用しながら暮らすも、長女の夫の病気による介護困難で施設入所。

・最近、大腸がんが判明。現在の顕著な症状は腰部の痛みと体重減少。

第1表

施設サービス計画書（1）

作成年月日 令和３年　８月 29日

初回・紹介・継続　　認定済・申請中

利用者名　沼田　民子　殿　　生年月日　昭和9年 11月 18日　　住所　東京都　〇〇区

施設サービス計画作成者氏名及び職種　鈴木　明　介護支援専門員

施設サービス計画作成介護保険施設名及び所在地　特別養護老人ホーム〇〇・東京都〇〇区

施設サービス計画作成(変更)日 令和３年　８月 29日　　初回施設サービス計画作成日 令和３年　５月　１日

認定日 令和３年　４月 26日　　認定の有効期間 令和３年　５月　１日　～ 令和５年　５月　１日

要介護状態区分	要介護１　・　要介護２　・　要介護３　・　要介護４　・　要介護５
利用者及び家族の生活に対する意向	(本人) ご本人と話をしましたが、明解な回答及び意向を伺うことはできませんでした。 (長女) ①母（本人）は、父（夫）を看取るとき、苦しい延命治療をさせてしまったことを後悔していました。自分のときはそうしないでほしいと話していました。その思いは叶えてあげたいです。 ②痛みがないようにしてほしいです。そのうえで、施設で最期まで生活してほしいと思います。家族として、母に対してできることはさせてください。
介護認定審査会の意見及びサービスの種類の指定	記載なし。
総合的な援助の方針	長女さんは大腸疾患の進行を心配されており、ご本人には体重の減少と腰部の痛みがみられています。 支援方針として、腰の「痛み」について常に観察します。表情や体温など注意深く見守り、状況に応じた早期の対応をします。

第2表 施設サービス計画書（2） 作成年月日　令和3年　8月　29日

利用者名　沼田　民子　殿

生活全般の解決すべき課題（ニーズ）	目標				援助内容			
	長期目標	（期間）	短期目標	（期間）	サービス内容	担当者	頻度	期間
腰の痛みがあり苦痛な表情が毎日あります。	腰痛が軽快していること。	令和３年 ８月29日～ 令和４年 ８月29日	苦痛な表情が減っていること（体位変換のたびに苦痛な表情があります）。	令和３年 ８月29日～ 令和３年 10月31日	①診察と内服調整(腰部及び痛みの判断等)。 ②痛みの状況確認（表情、呼吸、熱感等)。 ③痛みの緩和サポート。 ④体位の変換（２時間おき)。	①医師（嘱託医） ②全職種 ③看護師 ④介護職員	①月２回 ②ケア時 ③痛むとき ④２時間おき	令和３年 ８月29日～ 令和３年 10月31日
現病（大腸疾患）が進行、悪化する可能性があります。	疾患の悪化を防げられていること（入院が必要な状況にならないこと）。	令和３年 ８月29日～ 令和４年 ８月29日	体重が36kgであること。	令和３年 ８月29日～ 令和３年 10月31日	①診察と内服調整。 ②日常観察（表情、呼吸、熱感、食事量、排尿量、排便の形状等)。 ③栄養計算された食事の提供。	①医師（嘱託医） ②全職種 ③管理栄養士	①月２回 ②ケア時 ③食事時	令和３年 ８月29日～ 令和３年 10月31日
			下血していないこと。	令和３年 ８月29日～ 令和３年 10月31日	①診察と内服調整。 ②日常観察（表情、呼吸、熱感、食事量、排尿量、排便の形状等)。 ③水分の状況確認。 ④トイレ時の状況確認。	①医師（嘱託医） ②全職種 ③介護職員 ④介護職員、看護師	①月２回 ②ケア時 ③食事時 ④トイレ時	令和３年 ８月29日～ 令和３年 10月31日

第4表　　　　日課計画表　　　　作成年月日　令和3年　8月　29日

利用者名　沼田　民子　殿

		共通サービス	担当者	個別サービス	担当者	主な日常生活上の活動
深夜	4:00	睡眠状態の確認、健康状態の確認	介護職員			
早朝	6:00	トイレ・朝の整容・更衣・起居介助	介護職員			起床
				体調がいい場合は、トイレ誘導及びトイレ内での立位、清潔保持等の衣類交換、パッドの種類変更	介護職員	
午前	8:00	朝食・服薬・口腔清掃介助	介護職員・看護師	食事量の観察、栄養計算された食事の提供	介護職員・管理栄養士	朝食・口腔体操・歯みがき・服薬
		トイレ介助				
	10:00	飲水のサポート	介護職員			テレビを観る・友人とお茶を飲む
						友人と将棋を指す
午後	12:00	昼食・服薬・口腔清掃介助	介護職員	食事量の観察、栄養計算された食事の提供	介護職員・管理栄養士	昼食・口腔体操・歯みがき・服薬
	14:00	トイレ・入浴介助（月・木）	介護職員・看護師			入浴
		おやつ介助・飲水の介助	介護職員・看護師			おやつ・テレビを観る・友人とくつろぐ
	16:00	マッサージ・作業療法 （体調に合わせて変更・週３回）	マッサージ師・作業療法士			マッサージ・作業療法
夜間	18:00	夕食・服薬・口腔清掃介助	介護職員・看護師	食事量の観察、栄養計算された食事の提供	介護職員・管理栄養士	夕食・口腔体操・歯みがき・服薬
		トイレ・更衣・就寝介助	介護職員			寝室でテレビを観ながら就寝
	20:00	睡眠状態の確認、健康状態の確認	介護職員	体位変換	介護職員	
深夜	22:00	睡眠状態の確認、健康状態の確認	介護職員	体位変換	介護職員	
	24:00	睡眠状態の確認、健康状態の確認	介護職員	体位変換	介護職員	
	2:00	睡眠状態の確認、健康状態の確認	介護職員	体位変換	介護職員	
	4:00	睡眠状態の確認、健康状態の確認	介護職員	体位変換	介護職員	
随時実施するサービス		・口腔内保湿、居室換気、居室巡回、午睡介助	介護職員	①状況に応じた医療的処置 ②トイレ介助	介護職員・看護師	
その他のサービス		歯科衛生士による口腔ケア（月４回）・○○病院○○科診察（月２回）・理美容（希望時）・リネン交換（週１回）・居室環境整備　本人（適宜）・家族との面会（週１回程度）				

共通サービスの例
食事介助 　朝食 　昼食 　夕食 入浴介助（　　曜日） 清拭介助 洗面介助 口腔清掃介助 整容介助 更衣介助 トイレ介助* 飲水のサポート* 体位変換

（注）「週間サービス計画表」との選定による使用可。

＊入居者へのわかりやすさに配慮して、標準様式とは異なる表現にしています。

③誤嚥性肺炎を防止しながら、ベッド以外でも過ごせるようにする

女性（90代）、誤嚥性肺炎、要介護5

・誤嚥性肺炎を数か月で2回程起こし、自宅での生活から入所となる。本人は、誤嚥性肺炎を患った事実を理解しており、再度誤嚥性肺炎で入院したくないという想いも強くある。

・体力低下が著しく、1日の多くの時間をベッドで過ごしている。落ち着いたらパブリックスペースで生活したいという気持ちがある。

第1表

施設サービス計画書（1）

作成年月日 令和３年　９月 15日

（初回）・紹介・継続　　（認定済）・申請中

利用者名　佐藤　和子　殿　　生年月日 昭和２年　２月　８日　　住所　○○県○○市

施設サービス計画作成者氏名及び職種　山田　花子　介護支援専門員

施設サービス計画作成介護保険施設名及び所在地　特別養護老人ホーム△△△・○○県○○市

施設サービス計画作成（変更）日 令和３年　９月 15日　　初回施設サービス計画作成日 令和３年　９月 15日

認定日 令和３年　７月 15日　　認定の有効期間 令和３年　６月 10日 ～ 令和４年　６月 30日

要介護状態区分	要介護１　・　要介護２　・　要介護３　・　要介護４　・　（要介護５）
利用者及び家族の生活に対する意向	（本人）①自宅で生活したい気持ちはあるが、今の状況では入所は仕方ない。とにかく肺炎を起こさないようにしたいし、入院はしたくない。 ②自分で歩いたりすることは難しいけど、ずっとベッドの上だけで過ごしたくない。ベッドから離れて過ごす時間がほしい。 （長女）①母が不安にならないように、弟と交代で週３回は面会に来ようと思っています。 ②私たちにできることがあれば、遠慮なく伝えてほしい。やれることはやりたいと思います。 ③身体は不自由も多いけれど、会話が好きなので日中は賑やかな場所で生活させてあげたい。
介護認定審査会の意見及びサービスの種類の指定	特になし。
総合的な援助の方針	令和３年５月３日と８月 20 日に誤嚥性肺炎を患い入院され、その後、９月 15 日に当施設に入所されました。 支援チームの方針としては、「誤嚥性肺炎を起こさないこと」を第一の目標とし、食事時の状況（食べ方や飲み込み等）や、低下した体重も確認しつつ、ベッド以外の場所で日中の生活を送れることを目指していきます。

第2表

施設サービス計画書（2）

作成年月日　令和3年　9月　15日

利用者名　佐藤　和子　殿

生活全般の解決すべき課題（ニーズ）	目標				援助内容			
	長期目標	（期間）	短期目標	（期間）	サービス内容	担当者	頻度	期間
誤嚥性肺炎が再発する怖さはあるが、入院したくない。	誤嚥性肺炎で入院しないこと。	令和３年 ９月15日～ 令和４年 １月31日	むせ込みが減少していること（令和３年９月現在、食事時に２回程むせ込みあり）。	令和３年 ９月15日～ 令和３年 10月31日	①診察、食事状況等の助言をします。 ②飲み込みの状況を評価します。 ③体重を測定します。	①医師 ②看護師 管理栄養士 ③介護士	月２回 週１回（火） ２週１回	令和３年 ９月15日～ 令和３年 10月31日
			体重が45kgになっていること（令和３年９月現在、体重40kg）。	令和３年 ９月15日～ 令和３年 10月31日	①飲み込みやすい姿勢で食事をします。 ②口腔ケアをします。 ③口腔体操・飲み込みの機能低下予防に向けた機能訓練をします。 ④本人と一緒に口腔体操、口腔ケアをします。	①本人 ②介護士 ③本人 機能訓練指導員 ④長男・長女	毎食事時 毎食後 毎日(10:00～) 週3回(月・木・土) (面会時)	令和３年 ９月15日～ 令和３年 10月31日
食事時以外はベッドの上で過ごしているが、ベッド以外の場所で日中過ごせるようになりたい。	ベッド以外の場所で過ごせるようになること。	令和３年 ９月15日～ 令和４年 １月31日	食事時に１回あたり50分、ベッド以外で過ごせるようになること（現在は１回あたり40分離床しています）。	令和３年 ９月15日～ 令和３年 10月31日	①座位姿勢を保つ機能訓練をします。 ②食後、ほかの入居者と話ができるようにします。	①機能訓練指導員 ②介護士、本人	毎日(10:00～) 食後	令和３年 ９月15日～ 令和３年 10月31日

第4表　　日課計画表　　作成年月日　令和3年　9月　15日

利用者名　佐藤　和子　殿

		共通サービス	担当者	個別サービス	担当者	主な日常生活上の活動
深夜	4:00					
早朝	6:00	更衣介助　洗面介助	介護士			6：30　起床　洗面・整容
		7：30				7：30～8：20　車いすに座ってほかの入居者・職員と会話しながら朝食
午前	8:00	朝食（見守り）・口腔清掃介助				8：30～　ベッドで横になり過ごす
		健康チェック	看護師			テレビ・ラジオを視聴する
	10:00	衣類交換	介護士	口腔体操・機能訓練	機能訓練指導員	10：00　口腔体操・機能訓練
		入浴（介助）【火・金】、衣類交換	介護士	＊食事時、よい姿勢を保ちます。	本人	
午後	12:00	12：00　昼食（見守り）・口腔清掃介助	介護士	＊ご本人の体調をみながら、ベッドから離れる時間が増えるよう声かけ。	介護士	12：00～12：50　車いすに座ってほかの入居者・職員と会話しながら昼食
				＊口腔体操・口腔ケアをします。	長男様・長女様	13：00～18：00　ベッドで横になり過ごす（お昼寝・テレビ鑑賞・15：00にはおやつ）
	14:00					
		15：00　おやつ（見守り）	介護士			
	16:00					
夜間	18:00	18：00　夕食（見守り）・口腔清掃介助	介護士	＊飲み込みの状況を確認・評価。	看護師 管理栄養士	18：00～18：50　車いすに座ってほかの入居者・職員と会話しながら夕食
				＊食後、ほかの入居者とコミュニケーションがとれるようにします。	介護士	
						19：00　ベッドに横になる
	20:00	更衣介助　洗面介助	介護士			
						21：00　就寝
深夜	22:00	巡回				
	24:00	巡回				
	2:00	巡回				
	4:00	巡回				
随時実施するサービス						
その他のサービス		診察（○○医院　月２回）				

共通サービスの例
食事介助 朝食 昼食 夕食
入浴介助（　　曜日）
清拭介助
洗面介助
口腔清掃介助
整容介助
更衣介助
トイレ介助＊
飲水のサポート＊
体位変換

（注）「週間サービス計画表」との選定による使用可。
＊入居者へのわかりやすさに配慮して、標準様式とは異なる表現にしています。

④もの盗られ妄想や徘徊があるが、夜間眠れることを目指す

男性（80代）、アルツハイマー型認知症、要介護3

・アルツハイマー型認知症と診断され、もの盗られ妄想や徘徊がみられるようになる。
・同居していた妻による介護が難しくなり、1か月前に入居。入浴の拒否や夜間の不眠等もでている。
・現時点では新しい環境への順応が難しい状況にあることがポイント。

第1表

施設サービス計画書（1）

作成年月日 令和３年　９月 18日

初回・紹介・（継続）　（認定済）・申請中

利用者名　川井　浩　殿　　生年月日 昭和10年　８月　４日　　住所　○○県○○市

施設サービス計画作成者氏名及び職種　鈴木　豊　介護支援専門員

施設サービス計画作成介護保険施設名及び所在地　Ｓグループホーム 宴・○○県○○市

施設サービス計画作成(変更)日 令和３年　９月 18日　　初回施設サービス計画作成日 令和３年　８月 19日

認定日 令和３年　３月 20日　　認定の有効期間 令和３年　４月　１日 ～ 令和４年　３月 31日

要介護状態区分	要介護１ ・ 要介護２ ・ （要介護３） ・ 要介護４ ・ 要介護５
利用者及び家族の生活に対する意向	(本人)ご本人に尋ねましたが、明確な回答を得ることはできませんでした。 (妻)主人が営んでいた蕎麦料理を皆さんに振る舞えるようになってくれたら嬉しいです。私も家族も食べられたら嬉しいです。
介護認定審査会の意見及びサービスの種類の指定	特になし。
総合的な援助の方針	入居(令和３年８月18日)して１か月が経過しましたが、まだ新しい環境に十分馴染むことができていないようで、心配を口にされることがあります。 具体的には、本来は好きだったお風呂に入るのを遠慮したり、夜、寝つけないことが増えてきています。 サポート方針として、環境の変化等に対する「心配事(不安)」を口にしたり、落ち着かない様子がうかがえた際には、声をかけます。 その様子によって「話を聴く」「散歩にお誘いする」などの対応をします。

第2表

施設サービス計画書（2）

作成年月日　令和3年　9月　18日

利用者名　川井　浩　殿

生活全般の解決すべき課題(ニーズ)	目標				援助内容			
	長期目標	(期間)	短期目標	(期間)	サービス内容	担当者	頻度	期間
夜に眠れず、昼間に寝ることが増えています。	夜間は、約7時間の睡眠がとれていること。	令和3年 10月1日～ 令和4年 3月31日	日中は、起きて生活ができていること (昼寝は食後1～2時間程度)。	令和3年 10月1日～ 令和3年 12月31日	①自室で足湯をします。 ②寝間着に着替えるよう声かけと見守りをします。 ③屋外を30分歩きます(悪天候の日を除く)。	①介護職員 ②介護職員 ③本人、介護職員	①毎日 (19時半) ②①終了後 ③1日2回 (午前・午後)	令和3年 10月1日～ 令和3年 12月31日
お風呂に入ることを望まないので、身体の清潔を十分に保つことができない状況です。	身体の清潔が保てていること。	令和3年 10月1日～ 令和4年 3月31日	週1回は入浴(シャワー等)ができていること。	令和3年 10月1日～ 令和3年 12月31日	浴室の場所を伝え、興味を示された場合はそのまま入浴できる(シャワーを浴びられる)よう介助します。	介護職員	週3回 (月・水・金)	令和3年 10月1日～ 令和3年 12月31日
			身体を温かいタオルで拭く習慣ができていること。	令和3年 10月1日～ 令和3年 12月31日	身体を温かいタオルで拭き、皮膚を確認します。	介護職員	週3回 (火・木・土)	令和3年 10月1日～ 令和3年 12月31日

第3表 週間サービス計画表

作成年月日　令和3年　9月　18日

令和3年　10月分より

利用者名　川井　浩　殿

		月	火	水	木	金	土	日	主な日常生活上の活動
深夜	4:00								
	6:00								起床
早朝		着替え声かけ、見守り	着替え声かけ、見守り	着替え声かけ、見守り	着替え声かけ、見守り	着替え声かけ、見守り	着替え声かけ、見守り	着替え声かけ、見守り	着替え
		朝食・服薬介助	朝食・服薬介助	朝食・服薬介助	朝食・服薬介助	朝食・服薬介助	朝食・服薬介助	朝食・服薬介助	朝食、服薬
午前	8:00								
		散歩見守り	散歩見守り	散歩見守り	散歩見守り	散歩見守り	散歩見守り	散歩見守り	屋外を散歩する（30分）
	10:00								
午後	12:00	昼食・服薬介助	昼食・服薬介助	昼食・服薬介助	昼食・服薬介助	昼食・服薬介助	昼食・服薬介助	昼食・服薬介助	昼食、服薬
									昼寝（1～2時間）
	14:00	散歩見守り	散歩見守り	散歩見守り	散歩見守り	散歩見守り	散歩見守り	散歩見守り	屋外を散歩する（30分）
	16:00	入浴介助	身体を拭く	入浴介助	身体を拭く	入浴介助	身体を拭く		入浴もしくはタオルで身体を拭く
夜間	18:00	夕食・服薬介助	夕食・服薬介助	夕食・服薬介助	夕食・服薬介助	夕食・服薬介助	夕食・服薬介助	夕食・服薬介助	夕食、服薬
		足湯補助	足湯補助	足湯補助	足湯補助	足湯補助	足湯補助	足湯補助	足湯
	20:00	着替え声かけ、見守り	着替え声かけ、見守り	着替え声かけ、見守り	着替え声かけ、見守り	着替え声かけ、見守り	着替え声かけ、見守り	着替え声かけ、見守り	着替え
深夜	22:00	巡回	巡回	巡回	巡回	巡回	巡回	巡回	就寝
	24:00	巡回	巡回	巡回	巡回	巡回	巡回	巡回	
	2:00	巡回	巡回	巡回	巡回	巡回	巡回	巡回	
	4:00								

週単位以外のサービス	○○大学病院通院（月１回・妻付き添い）

⑤医療面への不安を軽減し、地域の友人との関係性を継続する

女性（70代）、アルツハイマー型認知症、要介護2

- 認知機能が低下しはじめ、見当識障害や遂行機能障害がみられる。脱衣や食事等はおおむね自立。会話も可能だが、不安感や不信感の訴えが頻回にあり夜間、不眠等がある。
- 元々、1人暮らしをしており、地域の友人等との関係性を継続することを望んでいる。

第1表

施設サービス計画書（1）

作成年月日 令和３年　９月 15日

初回・紹介・継続　　認定済・申請中

利用者名　高橋　洋子　殿　　生年月日 昭和23年　８月 15日　　住所　○○県○○市

施設サービス計画作成者氏名及び職種　田中　智子　介護支援専門員

施設サービス計画作成介護保険施設名及び所在地　グループホーム○○・○○県○○市

施設サービス計画作成（変更）日 令和３年　９月 15日　　初回施設サービス計画作成日 令和２年　６月　５日

認定日 令和３年　９月 10日　　認定の有効期間 令和３年 10月　１日 ～ 令和６年　９月 30日

要介護状態区分	要介護１ ・ 要介護２ ・ 要介護３ ・ 要介護４ ・ 要介護５
利用者及び家族の生活に対する意向	（本人）１人で暮らすのはとても不安なのでここで生活をしたいけど、たまには家に帰って友人といろいろ話しながらお茶をしたいです。 （長女）遠方（○○県○○市）なので、子ども（本人からみて孫）の夏休みなどにしか会いに来ることができません。幸いなことに、叔母（本人の妹）が自宅の近くに住んでおり、なにかと面倒をみてくれているので助かっています。叔母の好意に甘えるようですが、これまでどおりに外泊をさせてもらったりしながら、友人との交流を続けてほしいです。 （実妹）近所の友人とお茶をしたりするのが好きだったので、月に２回ぐらいはうちに遊びに来て泊まったりしながら、みなさんとおしゃべりできるといいと思います。
介護認定審査会の意見及びサービスの種類の指定	特になし。
総合的な援助の方針	①生活のなかで不安を毎日（５回以上）感じていますので、心配や不安を緩和することを支援チーム方針としてサポートします。 具体的には、医療面（診察治療・服薬への理解等）と介護面（心配時のサポート）の両面として、ご本人が生活上の不安を口にされた際にはお話を伺います。不安な様子の有無に常に気を配り、大きな不安症状になる前にサポートします。 ②社会的関係の継続が気持ちの安定にも重要と考えますので、実妹さん宅で時に友人・知人に会うことを継続し、また、ほかの入居者との会話やリビングでの活動時にも声かけをします。

第2表

施設サービス計画書（2）

作成年月日　令和3年　9月　15日

利用者名　高橋　洋子　殿

生活全般の解決すべき課題（ニーズ）	目標				援助内容			
	長期目標	（期間）	短期目標	（期間）	サービス内容	担当者	頻度	期間
不安や心配ごとがあり、悲しい気持ちで生活をしています。	不安感で涙を流すことなく生活できていること（令和３年９月現在１日５回以上有）。	令和３年 10月１日～ 令和４年 ９月30日	不安なときでも、その都度説明を受け、納得しながら生活ができていること （令和３年９月現在１日５回以上有）。	令和３年 10月１日～ 令和４年 ３月31日	不安や心配ごとに対して診察・相談を行います。	○○クリニック（医師） 訪問診療 居宅療養管理指導	月２回 （第２・第４水）	令和３年 10月１日～ 令和４年 ３月31日
夜間、眠れないことが多く、昼間に寝ていることが多くなっています。	夜間５時間程度は連続して眠れていること（令和３年９月現在１時間ごとに起床）。	令和３年 10月１日～ 令和４年 ９月30日	夜間２～３時間は連続して眠れていること（令和３年９月現在１時間ごとに起床）。	令和３年 10月１日～ 令和４年 ３月31日	①入眠への声かけ。 ②不眠時のサポート。	①②介護職員	夜間不眠時	令和３年 10月１日～ 令和４年 ３月31日
飲んでいる薬に不安（不信感）があり納得できないまま服薬しています。	薬に対しての不安なく飲めていること。	令和３年 10月１日～ 令和４年 ９月30日	説明を受けることで納得して服薬できること。	令和３年 10月１日～ 令和４年 ３月31日	①服薬内容の説明、助言を行います。 ②服薬状況の確認を行います。 ③話を聴き、薬の説明を行います。	①②○○薬局（薬剤師） 在宅患者訪問薬剤管理指導 居宅療養管理指導 ③介護職員	処方時 月２回 （第１・第３木） 服薬時（不安時）	令和３年 10月１日～ 令和４年 ３月31日

第3表

週間サービス計画表

作成年月日　令和3年　9月　15日

利用者名　高橋　洋子　殿

令和3年　10月分より

		月	火	水	木	金	土	日	主な日常生活上の活動
深夜	4:00								
早朝	6:00	起床声かけ	起床声かけ	起床声かけ	起床声かけ	起床声かけ	起床声かけ	起床声かけ	起床、着替え
		朝食見守り、服薬説明	朝食見守り、服薬説明	朝食見守り、服薬説明	朝食見守り、服薬説明	朝食見守り、服薬説明	朝食見守り、服薬説明	朝食見守り、服薬説明	朝食、服薬
午前	8:00								
									自室でテレビ等を見て過ごす
	10:00								
		昼食見守り、服薬説明	昼食見守り、服薬説明	昼食見守り、服薬説明	昼食見守り、服薬説明	昼食見守り、服薬説明	昼食見守り、服薬説明	昼食見守り、服薬説明	昼食、服薬
午後	12:00								
	14:00	落ち着いて過ごせるよう声かけ	落ち着いて過ごせるよう声かけ	落ち着いて過ごせるよう声かけ	落ち着いて過ごせるよう声かけ	落ち着いて過ごせるよう声かけ	落ち着いて過ごせるよう声かけ	落ち着いて過ごせるよう声かけ	共有スペースで過ごす ほかの入居者とおしゃべり
	16:00								
			入浴介助		入浴介助		入浴介助		入浴
夜間	18:00	夕食見守り、服薬説明	夕食見守り、服薬説明	夕食見守り、服薬説明	夕食見守り、服薬説明	夕食見守り、服薬説明	夕食見守り、服薬説明	夕食見守り、服薬説明	夕食、服薬
	20:00								自室でテレビ等を見て過ごす
		入眠声かけ	入眠声かけ	入眠声かけ	入眠声かけ	入眠声かけ	入眠声かけ	入眠声かけ	
深夜	22:00								就寝
		巡回	巡回	巡回	巡回	巡回	巡回	巡回	
	24:00	巡回	巡回	巡回	巡回	巡回	巡回	巡回	
	2:00								
	4:00								

週単位以外のサービス	○○クリニック訪問診療・居宅療養管理指導（月２回第２・第４水）、○○薬局在宅患者訪問薬剤管理指導・居宅療養管理指導（月２回第１・第３木） 妹宅に外泊（月２回　妹もしくは長女付き添い）

⑥パーキンソン症状の悪化を防ぎ、部屋以外でも過ごせるようにする

男性（80代）、血管性認知症、要介護2

・脳梗塞を患い、約1か月入院。自発性の低下やパーキンソン症状などがみられ血管性認知症と診断後に入居。

・歩行のふらつき、意欲低下により自室での生活時間が長くなっている。薬剤によるパーキンソン症状の緩和と自発的にできることを探していく。

第1表

施設サービス計画書（1）

作成年月日 令和３年　9月 12日

初回・紹介・継続　　認定済・申請中

利用者名　金山　洋二　殿　　生年月日 昭和15年　5月 26日　　住所　○○県○○市

施設サービス計画作成者氏名及び職種　小林　節子　介護支援専門員

施設サービス計画作成介護保険施設名及び所在地　グループホーム未来・○○県○○市

施設サービス計画作成(変更)日 令和３年　9月 12日　　初回施設サービス計画作成日 令和３年　1月 15日

認定日 令和２年 12月 25日　　認定の有効期間 令和２年 12月　1日 ～ 令和４年 11月 30日

要介護状態区分	要介護１ ・ 要介護２ ・ 要介護３ ・ 要介護４ ・ 要介護５
利用者及び家族の生活に対する意向	(本人) ①身体が思うように動かなくなってしまい、何もしたくない。部屋で、テレビを見て過ごしたい。 ②早く家に帰してほしい。 (長男) ①施設の生活にも慣れてきたので、このまま施設で生活してほしいと思いますが、転んでしまうことが心配です。 ②病気になる前は、散歩したり地域の役員をしたりと活動的だったので、もう少し身体を動かしてほしいです。
介護認定審査会の意見及びサービスの種類の指定	特に記載なし。
総合的な援助の方針	ご本人も自覚されていますが、身体が思うように動かないため、歩行時にふらつきがあります。 支援チーム方針として、生活に対する気持ちが上向き（前向き）になるようなサポートを行います。 具体的には、「転倒しないこと」「部屋以外の場所で過ごす時間を増やす」ことを中心に、歩行時の付添・歩行機会の確保や本人の気持ちが上向きになるよう、話をする・話を聴くことを大切にします。 また、パーキンソン症状が悪化しないよう、医療面（診療・薬剤管理）でも継続的にサポートを行います。

第2表

施設サービス計画書（2）

作成年月日　令和3年　9月　12日

利用者名　金山　洋二　殿

生活全般の解決すべき課題（ニーズ）	目標				援助内容			
	長期目標	（期間）	短期目標	（期間）	サービス内容	担当者	頻度	期間
脳梗塞の後遺症であるパーキンソン症状のため、歩行時にふらつきがみられ、転倒の危険があります。	1人で施設内を歩行できていること。	令和３年 ９月15日～ 令和４年 ２月28日	１日のなかで廊下を３往復できていること（約600m）。	令和３年 ９月15日～ 令和３年 12月31日	①毎食前に、訓練をするように声かけをします。 ②訓練時に、足をしっかり上げるよう声かけをします（すり足歩行に注意）。 ③職員と一緒に、毎食前に廊下を３往復します。	①介護職員 ②介護職員 ③本人	毎食前 毎食前 毎食前	令和３年 ９月15日～ 令和３年 12月31日
部屋で過ごす時間が多く、生活の活力が低下しています。	日中をリビング等（部屋以外）で過ごしていること。	令和３年 ９月15日～ 令和４年 ２月28日	食事の準備、片づけを行うことができていること。	令和３年 ９月15日～ 令和３年 12月31日	①食事準備・片づけをします。 （机を拭く、食器を並べる・食器を流しに運ぶ）	①本人	毎食事時	令和３年 ９月15日～ 令和３年 12月31日
			菜園の草むしりができていること。	令和３年 ９月15日～ 令和３年 12月31日	①菜園の草むしりをします。 ②体操やレクリエーションの声かけをします。	①本人 ②介護職員	週１回（木） レクリエーション時	
パーキンソン症状について、進行の可能性があります。	パーキンソン症状が進行せず、入院しないこと。	令和３年 ９月15日～ 令和４年 ２月28日	身体のふるえや筋肉のこわばりの症状が重症化していないこと。	令和３年 ９月15日～ 令和３年 12月31日	①症状の観察、助言、指導。 ②薬の処方。	①○○クリニック 訪問診療 居宅療養管理指導 医師 ②○○薬局 居宅療養管理指導 薬剤師	月２回 月２回	令和３年 ９月15日～ 令和３年 12月31日
			服薬ができていること。	令和３年 ９月15日～ 令和３年 12月31日	①薬のセット。 ②薬について説明します。 ③毎食後、薬を手渡し、服薬の確認をします。 ④渡された薬を服用します。	①②○○薬局 在宅患者訪問薬剤管理指導 居宅療養管理指導 薬剤師 ③看護師 ④本人	月２回 服薬時 服薬時	令和３年 ９月15日～ 令和３年 12月31日

第3表

週間サービス計画表

作成年月日　令和3年　9月　12日

利用者名　金山　洋二　殿

令和3年　9月分より

		月	火	水	木	金	土	日	主な日常生活上の活動
深夜	4:00	巡視	巡視	巡視	巡視	巡視	巡視	巡視	
									起床
早朝	6:00								
		歩行訓練声かけ	歩行訓練声かけ	歩行訓練声かけ	歩行訓練声かけ	歩行訓練声かけ	歩行訓練声かけ	歩行訓練声かけ	歩行訓練（廊下３往復）
		朝食・服薬見守り	朝食・服薬見守り	朝食・服薬見守り	朝食・服薬見守り	朝食・服薬見守り	朝食・服薬見守り	朝食・服薬見守り	朝食（準備・片づけ）、服薬
午前	8:00								
		体操声かけ		レクリエーション声かけ	草むしり見守り	体操声かけ	レクリエーション声かけ		草むしり、体操、レクリエーション
	10:00								
			入浴介助			入浴介助			入浴
		歩行訓練声かけ	歩行訓練声かけ	歩行訓練声かけ	歩行訓練声かけ	歩行訓練声かけ	歩行訓練声かけ	歩行訓練声かけ	歩行訓練（廊下３往復）
午後	12:00	昼食・服薬見守り	昼食・服薬見守り	昼食・服薬見守り	昼食・服薬見守り	昼食・服薬見守り	昼食・服薬見守り	昼食・服薬見守り	昼食（準備・片づけ）、服薬
									昼寝
	14:00								
		おやつ提供	おやつ提供	おやつ提供	おやつ提供	おやつ提供	おやつ提供	おやつ提供	おやつ
									テレビ鑑賞
	16:00								
		歩行訓練声かけ	歩行訓練声かけ	歩行訓練声かけ	歩行訓練声かけ	歩行訓練声かけ	歩行訓練声かけ	歩行訓練声かけ	歩行訓練（廊下３往復）
夜間	18:00	夕食・服薬見守り	夕食・服薬見守り	夕食・服薬見守り	夕食・服薬見守り	夕食・服薬見守り	夕食・服薬見守り	夕食・服薬見守り	夕食（準備・片づけ）、服薬
									テレビ鑑賞
	20:00								
		就寝声かけ	就寝声かけ	就寝声かけ	就寝声かけ	就寝声かけ	就寝声かけ	就寝声かけ	
									就寝
深夜	22:00								
	24:00	巡視	巡視	巡視	巡視	巡視	巡視	巡視	夜間、トイレのため２回起床
	2:00								
	4:00								

週単位以外のサービス	○○クリニック訪問診療・居宅療養管理指導（月２回　医師）、○○薬局在宅患者訪問薬剤管理指導・居宅療養管理指導（月２回　薬剤師） 家族との電話（本人希望時）

3 介護老人保健施設

⑦立ち上がり、トイレ動作等を訓練し、自宅での生活を目指す

男性（70代）、左大腿骨頸部骨折、要介護4（入院時に認定を受ける）

・買物中の転倒により左大腿骨頸部骨折し、入院。その後、リハビリテーション病院を経て、入所。

・妻は持病にて身体介護は困難。四点杖を活用した歩行やトイレでの立ち上がりなど立位バランスの向上等に取り組み、在宅での生活を目指す。

第1表

施設サービス計画書（1）

作成年月日 令和３年　９月 10日

初回・(紹介)・継続　　(認定済)・申請中

利用者名　伊藤　茂　殿　　生年月日 昭和20年　5月　7日　　住所　○○県○○市

施設サービス計画作成者氏名及び職種　加藤　美智子　介護支援専門員

施設サービス計画作成介護保険施設名及び所在地　介護老人保健施設○○○・○○県○○市

施設サービス計画作成（変更）日 令和３年　９月 10日　　初回施設サービス計画作成日 令和３年　８月 10日

認定日 令和３年　２月 18日　　認定の有効期間 令和３年　３月　１日 ～ 令和６年　２月 28日

要介護状態区分	要介護１　・　要介護２　・　要介護３　・　(要介護４)　・　要介護５
利用者及び家族の生活に対する意向	（本人）妻に迷惑をかけないようになってから家に帰りたい。 （本人）入院していたときよりだいぶよくなった。でも、もっとしっかり歩けるようになって、自宅内のことは自分でできるようになりたい。 （妻）歩行とトイレは自分でできるようになって家に帰ってきてほしい。 （妻）持病があり、身体に負担のかかる介護は難しいので助けてほしいし、本人が自分でできることを増やしてほしい。
介護認定審査会の意見及びサービスの種類の指定	特になし。
総合的な援助の方針	自宅に戻ることを目標にします。現在（令和３年９月）は起き上がりや立ち上がりにも介助が必要ですが、入院時の状況より明らかに回復してきています。 支援チーム方針として、起き上がりや、トイレ動作、また、自宅のなかで伝い歩きができることを想定したトレーニングを行います。 回復を焦らず、じっくり取り組んで成果をともに出していきたいと思います。

第2表

施設サービス計画書（2）

作成年月日　令和3年　9月　10日

利用者名　伊藤　茂　殿

生活全般の解決すべき課題（ニーズ）	目標				援助内容			
	長期目標	（期間）	短期目標	（期間）	サービス内容	担当者	頻度	期間
今は、歩行や立ち上がり等が１人では不安だが、自宅内（屋内）の動作は自分でできるようになりたい。	四点杖で屋内を歩けていること。	令和３年 ９月10日〜 令和４年 ２月９日	１人で立つことができていること。	令和３年 ９月10日〜 令和３年 11月９日	①立つトレーニング（ベッド柵を使用）。 ②腕、足の筋力向上のためのトレーニングを実施します。	①本人 ②理学療養士	毎日 （１日３回） 週６回 （１時間）	令和３年 ９月10日〜 令和３年 11月９日
			見守りを受けながら、四点杖で歩けていること。	令和３年 ９月10日〜 令和３年 11月９日	①平行棒内の歩行訓練、握力、腕の筋力向上のトレーニング。 ②四点杖で歩きます（自室〜食堂）。 ③近くで見守り、ふらついたときは支える介助をします。	①理学療法士 ②本人 ③ケアワーカー	①週６回 （１時間） ②１日３回 （食事前後） ③歩行時	令和３年 ９月10日〜 令和３年 11月９日
	トイレまで１人で移動し、トイレ動作のすべてを行えていること。	令和３年 ９月10日〜 令和４年 ２月９日	トイレ内での動作ができていること。	令和３年 ９月10日〜 令和３年 11月９日	①トイレ内の一連の動作をします。 （ドア開閉・流す・用を足す・衣類整理等）。 ②近くで見守り、ふらついたときは支える介助をします。	①本人 ②ケアワーカー	トイレ時 （排泄時）	令和３年 ９月10日〜 令和３年 11月９日

第3表　　　　週間サービス計画表　　　　作成年月日　令和3年　9月　10日

利用者名　伊藤　茂　殿　　　　令和3年　9月分より

		月	火	水	木	金	土	日	主な日常生活上の活動
深夜	4:00	巡視	巡視	巡視	巡視	巡視	巡視	巡視	
	6:00								
早朝									起床・洗顔・着替え
									四点杖で歩行
		7:30　朝食介助	7:30　朝食介助	7:30　朝食介助	7:30　朝食介助	7:30　朝食介助	7:30　朝食介助	7:30　朝食介助	朝食・服薬・歯みがき
午前	8:00								立ち上がり訓練（自主）
			入浴介助			入浴介助			
	10:00	飲み物提供	飲み物提供	飲み物提供	飲み物提供	飲み物提供	飲み物提供	飲み物提供	
		食前体操見守り	食前体操見守り	食前体操見守り	食前体操見守り	食前体操見守り	食前体操見守り	食前体操見守り	ラジオ体操・口腔体操
									四点杖で歩行
午後	12:00	昼食介助	昼食介助	昼食介助	昼食介助	昼食介助	昼食介助	昼食介助	昼食（米飯・普通食・（箸スプーン併用））
									服薬・歯みがき
	14:00	リハビリテーション	リハビリテーション	リハビリテーション	リハビリテーション	リハビリテーション	リハビリテーション		立ち上がり訓練（自主）
	16:00								
									四点杖で歩行
夜間	18:00	夕食介助	夕食介助	夕食介助	夕食介助	夕食介助	夕食介助	夕食介助	夕食（米飯・普通食・（箸スプーン併用））
									服薬・歯みがき・着替え
	20:00								
									立ち上がり訓練（自主）
	22:00	消灯	消灯	消灯	消灯	消灯	消灯	消灯	
深夜		巡視	巡視	巡視	巡視	巡視	巡視	巡視	就寝
	24:00	巡視	巡視	巡視	巡視	巡視	巡視	巡視	
	2:00	巡視	巡視	巡視	巡視	巡視	巡視	巡視	
	4:00	巡視	巡視	巡視	巡視	巡視	巡視	巡視	

週単位以外のサービス	○○大学病院通院　月１回（妻付き添い・介護タクシー）

（注）「日課計画表」との選定による使用可。

⑧脳卒中の後遺症があるが、歩行・嚥下訓練等を行い、ADL 向上を目指す

女性（70 代）、脳卒中（右片麻痺、言語障害）、要介護 3

・元々高血圧症で降圧薬を飲みながら長男宅で暮らす。風呂場で脳卒中により倒れ、後遺症として右片麻痺となる。長男嫁が主介護者であったが、介護負担増により入所。

・社交的な性格であることから、ADL の向上と言語リハビリテーション等をとおして、日常生活上の意思の伝達と同世代の人との会話ができるようにする。

第1表

施設サービス計画書（1）

作成年月日 令和３年　２月 25日

初回・紹介・継続（circled）　　認定済（circled）・申請中

利用者名　石田　峰子　殿　　生年月日 昭和19年　1月　9日　　住所　○○県○○市

施設サービス計画作成者氏名及び職種　渡辺　恵子　介護支援専門員

施設サービス計画作成介護保険施設名及び所在地　老人保健施設なごみ・○○県○○市

施設サービス計画作成(変更)日 令和３年　２月 25日　　初回施設サービス計画作成日 令和元年　８月 20日

認定日 令和３年　２月 15日　　認定の有効期間 令和３年　３月　１日　～ 令和６年　２月 29日

要介護状態区分	要介護１ ・ 要介護２ ・ 要介護３（circled） ・ 要介護４ ・ 要介護５
利用者及び家族の生活に対する意向	（本人）家に帰れるように、トイレのことは１人でできるようになりたい。そのための訓練は頑張る。 （長男妻）①家で生活するためにも、トイレのことは１人でできるようになってもらいたいです。 ②自宅では、動くことが少なくなっていたので、活動的な１日を取り戻してほしいです。 ③家族として可能な範囲はやりたいが、定期受診が必要なほどの腰痛があるので、共倒れにならないようにしたい。 ④自宅での生活が可能になるときには、住居の改修や用具についても相談・サポートしてほしい。
介護認定審査会の意見及びサービスの種類の指定	特になし。
総合的な援助の方針	右片麻痺があり、日常生活に支障をきたしていますが、リハビリテーションを行い、できることを増やせるように支援していきます。 チーム方針として、第一に歩行能力を高めるためのリハビリテーションと生活行為（トイレまでの移動とトイレ時の動作）の自立を目指します。 また、言葉がでにくいので日常会話がスムーズにできるようなサポートをします。

第2表

施設サービス計画書（2）

作成年月日　令和3年　2月　25日

利用者名　石田　峰子　殿

生活全般の解決すべき課題(ニーズ)	目標				援助内容			
	長期目標	（期間）	短期目標	（期間）	サービス内容	担当者	頻度	期間
右片麻痺があり、スムーズに歩くことができないが、トイレまで歩き自分で用足しができるようになりたい。	トイレまで歩行器で歩いていき、用足しができること(自室からトイレ10m)。	令和３年 ３月１日～ 令和４年 ２月28日	歩行器を使用して、5mを１人で歩くことができること。	令和３年 ３月１日～ 令和３年 ８月31日	①機能訓練(身体の動かし方)。 ②立ち上がり訓練。 ③歩行器での歩行訓練。 ④足上げ訓練。	①～③理学療法士 ④本人	週３日 (月・水・金) １日２回 (午前・午後)	令和３年 ３月１日～ 令和３年 ８月31日
脳卒中の後遺症のため、思うように話ができないが、自分の思っていることを伝えたい。	自分の思っていることが他者へ伝えられること。	令和３年 ３月１日～ 令和４年 ２月28日	単語の発音が明確になっていること。	令和３年 ３月１日～ 令和３年 ８月31日	①発声練習・嚥下訓練。 ②伝えようとしているときは、ゆっくり話を聞きます。 ③ほかの入居者と話ができるよう配慮します。 ④ゆっくり話をします。	①言語聴覚士 ②③介護職員 ④本人	週２日(火・木) 会話時 会話時	令和３年 ３月１日～ 令和３年 ８月31日

第4表

日課計画表

作成年月日　　令和3年　2月　25日

利用者名　石田　峰子　殿

		共通サービス	担当者	個別サービス	担当者	主な日常生活上の活動
深夜	4:00	巡視	介護職員			
早朝	6:00					
		起床の声かけ	介護職員			起床・身支度
午前	8:00	朝食介助	介護職員			朝食
		服薬介助	看護師			リビングにて過ごす
	10:00	体操	機能訓練士	歩行器での歩行訓練等（月・水・金）	理学療法士	歩行訓練、足上げ訓練
				発声練習・嚥下訓練（火・木）	言語聴覚士	発声・嚥下訓練
午後	12:00	昼食介助	介護職員			昼食
		服薬介助	看護師			自室にて横になる
	14:00	レクリエーション	介護職員			レクリエーション参加
		入浴介助（火・金）	介護職員			入浴（火・金）
	16:00					自室にてテレビを見る、足上げ訓練
夜間	18:00	夕食介助	介護職員			夕食
		服薬介助	看護師			服薬
	20:00					就寝準備
		就寝介助	介護職員			就寝
深夜	22:00					
	24:00	巡視	介護職員			夜間、トイレに３～４回起きる
	2:00	巡視	介護職員			
	4:00					
随時実施するサービス				トイレ誘導 ほかの入居者との会話ができるよう配慮 心配ごとがある場合は話をうかがう	介護職員 介護支援専門員	

共通サービスの例

食事介助
　朝食
　昼食
　夕食

入浴介助（　　曜日）

清拭介助

洗面介助

口腔清掃介助

整容介助

更衣介助

トイレ介助*

飲水のサポート*

体位変換

その他のサービス	訪問診療（○○病院　月２回） 訪問理容（２か月に１回）　外出レクリエーション（年２回）

（注）「週間サービス計画表」との選定による使用可。

＊入居者へのわかりやすさに配慮して、標準様式とは異なる表現にしています。

4 介護付き有料老人ホーム

⑨膝の痛みがあるが、ほかの入居者等とともに買い物に行けるようにする

女性（70代）、変形性膝関節症、要介護1

・1人暮らしであったが、右膝の痛みが強くなってきたことから、本人の希望により自宅を売却し、入居。

・散歩が好きだったが、1人だと不安があり控えていた。介護職員やほかの入居者とともに敷地内を散歩したり、近所のスーパーマーケットまで歩行して買い物をできるようにする。

第1表

施設サービス計画書（1）

作成年月日 令和３年　２月 25日

（初回）・紹介・継続　（認定済）・申請中

利用者名　伊勢原　花子　殿　　生年月日 昭和19年　３月 20日　　住所　〇〇県〇〇市

施設サービス計画作成者氏名及び職種　山本　由美子　介護支援専門員

施設サービス計画作成介護保険施設名及び所在地　有料老人ホーム〇〇・〇〇県〇〇市

施設サービス計画作成（変更）日 令和３年　２月 25日　　初回施設サービス計画作成日 令和３年　２月 25日

認定日 令和３年　２月 22日　　認定の有効期間 令和３年　３月　１日　～ 令和４年　２月 28日

要介護状態区分	（要介護１）・要介護２・要介護３・要介護４・要介護５
利用者及び家族の生活に対する意向	（本人）昨年（令和２年７月）より右膝を悪くして、近所への散歩を控えていたが、散歩や買い物に出かけたい。 （本人）大勢が集まるような行事などには参加したくない。参加を強要しないでほしいが、声かけをして確認してほしい。 （長男）１人暮らしをしていたときのように、散歩などを毎日してほしい。 本人は、歩くことが好きなので散歩や、好物のキャラメルを買いに外出の手助けをしていただきたい。
介護認定審査会の意見及びサービスの種類の指定	特になし。
総合的な援助の方針	令和２年７月より持病である右変形性膝関節症が悪化し、日常生活のなかで精神的にも不安定なことがあります。 支援チーム方針として、散歩や買い物ができることにより活動的な暮らしができることとします。 具体的には、歩行時の状況を確認し、転倒がないようにします。また、精神面の状況に配慮し、気持ちの浮き沈みや活動量の低下を確認（把握）し、サポートします。

第2表

施設サービス計画書（2）

作成年月日　令和3年　2月　25日

利用者名　伊勢原　花子 殿

生活全般の解決すべき課題（ニーズ）	目標				援助内容			
	長期目標	（期間）	短期目標	（期間）	サービス内容	担当者	頻度	期間
右変形性膝関節症の悪化がみられ、転倒の心配がありますが、今後も散歩や買い物をしていきたい。	転倒なく、散歩や買い物が継続できていること（杖使用）。	令和３年 ３月１日〜 令和４年 ２月28日	自室からリビングまでの歩行が継続できていること。	令和３年 ３月１日〜 令和３年 ９月30日	①杖使用時のふらつき、膝折れ、足の運びを確認し、職員付き添いのもと、敷地内にて外気浴を兼ねた散歩を行います。 ②職員、ほかの入居者と外出し、好きなキャラメルなどの買い物介助を行います。 ③施設内の移動の際、ふらつき、膝折れ、足の運びの観察を行います。 ④自室からリビング（食堂）まで歩いて移動します（片道50m）。	①本人、介護職員 ②③介護職員 看護師 ④本人	①週１回（水） ②週１回（土） ③歩行時 ④食事前後	令和３年 ３月１日〜 令和３年 ９月30日
気持ちの浮き沈みにより、生活の意欲や生活行動に変化が大きい状況です。	日常で行っている生活行動ができていること。	令和３年 ３月１日〜 令和４年 ２月28日	不安なときでも、話をする（聞く）ことで気持ちが落ち着くこと。	令和３年 ３月１日〜 令和３年 ９月30日	①服薬介助を行います。 ②不安な気持ち等があるときには、落ち着くまで話をうかがうなどサポートします。	①②介護職員 看護師	①毎日 ②不安時	令和３年 ３月１日〜 令和３年 ９月30日

第3表

週間サービス計画表

作成年月日　令和3年　2月　25日

令和3年　3月分より

利用者名　伊勢原　花子 殿

		月	火	水	木	金	土	日	主な日常生活上の活動
深夜	4:00	巡回	巡回	巡回	巡回	巡回	巡回	巡回	
	6:00	起床・整容の声かけ	起床・整容の声かけ	起床・整容の声かけ	起床・整容の声かけ	起床・整容の声かけ	起床・整容の声かけ	起床・整容の声かけ	起床
早朝									
		朝食・服薬介助	朝食・服薬介助	朝食・服薬介助	朝食・服薬介助	朝食・服薬介助	朝食・服薬介助	朝食・服薬介助	朝食
午前	8:00								（リビングで１時間過ごす）
		入浴介助			入浴介助				入浴
	10:00	お茶の提供	お茶の提供	お茶の提供	お茶の提供	お茶の提供	お茶の提供	お茶の提供	お茶
									（自宅で昼食まで横になる）
午後	12:00	昼食・服薬介助	昼食・服薬介助	昼食・服薬介助	昼食・服薬介助	昼食・服薬介助	昼食・服薬介助	昼食・服薬介助	昼食
				敷地内散歩付き添い			外出・買い物		（リビングで夕食まで過ごす）
	14:00	おやつ介助	おやつ介助	おやつ介助	おやつ介助	おやつ介助	おやつ介助	おやつ介助	おやつ
	16:00	夕食・服薬介助	夕食・服薬介助	夕食・服薬介助	夕食・服薬介助	夕食・服薬介助	夕食・服薬介助	夕食・服薬介助	夕食
									（自宅で横になる・テレビを観る）
夜間	18:00								
		就寝時薬服用介助	就寝時薬服用介助	就寝時薬服用介助	就寝時薬服用介助	就寝時薬服用介助	就寝時薬服用介助	就寝時薬服用介助	着替え・就寝準備
	20:00								就寝
深夜	22:00	巡回	巡回	巡回	巡回	巡回	巡回	巡回	
	24:00	巡回	巡回	巡回	巡回	巡回	巡回	巡回	
	2:00	巡回	巡回	巡回	巡回	巡回	巡回	巡回	
	4:00								

週単位以外のサービス	・居宅療養管理指導・訪問診療（○○病院内科　月２回　隔週火曜日）　・居宅療養管理指導・訪問診療（○○メンタルクリニック　月１回　第１月曜日） ・理美容院（希望により月１回・第２月曜日）

⑩糖尿病が悪化しないよう、血糖値、体重を管理しながら過ごす

男性（70 代）、糖尿病、要介護 2

・50 歳で糖尿病となり、1 人暮らしでインスリン自己注射や食事・服薬管理をしていたが、6 か月ほど前から部分的に自己管理が困難となり、施設入所。BMI は 25 を超え、活動性も低下。

・糖尿病が悪化しないよう、主治医等とも連携をとり血糖値をコントロールしながら、食べる楽しみをできる限り維持する。

第1表

施設サービス計画書（1）

作成年月日 令和３年　9月 15日

初回・紹介・（継続）　（認定済）・申請中

利用者名　佐藤　清　殿　　生年月日 昭和23年　4月　5日　　住所　○○県○○市

施設サービス計画作成者氏名及び職種　吉田　久美子　介護支援専門員

施設サービス計画作成介護保険施設名及び所在地　○○有料老人ホーム・○○県○○市

施設サービス計画作成（変更）日 令和３年　9月 15日　　初回施設サービス計画作成日 令和２年　8月　1日

認定日 令和３年　3月 30日　　認定の有効期間 令和３年　4月　1日 ～ 令和６年　3月 31日

要介護状態区分	要介護１ ・ （要介護２） ・ 要介護３ ・ 要介護４ ・ 要介護５
利用者及び家族の生活に対する意向	（本人）糖尿病が悪化して入院するのは嫌だが、好きなものを我慢しないで、食事は楽しみたい。 現在行っている活動や食事量の制限は続けるが、それ以上のことは辛いのでやりたくない。 （長女）糖尿病があり、カロリー制限をしたり、血糖値をコントロールしなくてはいけませんが、父は食べることが好きなので、できるだけ食事をおいしく食べてもらいたい。しかし、入院するような状態の悪化は望みません。
介護認定審査会の意見及びサービスの種類の指定	記載なし。
総合的な援助の方針	持病（糖尿病）の状況をご本人は理解されています。そのうえで、好きな物は食べたい等の意向も明確です。 支援チーム方針として、好きな食事を継続するためにも「運動」「体重」に注視してサポートいたします。

第2表

施設サービス計画書（2）

作成年月日　令和3年　9月　15日

利用者名　佐藤　清　殿

生活全般の解決すべき課題（ニーズ）	目標				援助内容			
	長期目標	（期間）	短期目標	（期間）	サービス内容	担当者	頻度	期間
糖尿病のためカロリー制限と血糖コントロールが必要であるが、入院しない生活を送りたい。	入院せずに現在の生活が送れていること。	令和３年 10月１日～ 令和４年 ９月30日	血糖値（HbA1c5.9%以下）が安定していること。	令和３年 10月１日～ 令和４年 ３月31日	①朝食前に血糖値を測定（低血糖に注意）します。 ②インスリン自己注射の準備と声かけ、見守りをします。 ③インスリン自己注射を行います。 ④薬を手渡し、見守ります。 ⑤朝・夕食後に服薬します。 ⑥診察を行います。	①看護師 ②看護師 ③本人 ④看護師 ⑤本人 ⑥医師（〇〇クリニック）	朝食前 朝食前 朝食前 朝夕食後 朝夕食後 月２回 （第２・４木）	令和３年 10月１日～ 令和４年 ３月31日
適正体重を超過しているが、好きな物も食べたい。	体重が65kgになっていること。	令和３年 10月１日～ 令和４年 ９月30日	体重が70kgになっていること。	令和３年 10月１日～ 令和４年 ３月31日	①１日1600kcalの食事、１日１回のおやつを提供します。 ②よく噛んでゆっくり食べます。 ③体重を計り、記録します。 ④体操に参加します。 ⑤廊下を２往復します。	①厨房調理員・介護士 ②～⑤本人	毎食時、 おやつ時 毎食時 週3回（月・水・金） 毎日（２回） 毎日 （毎食事前後）	令和３年 10月１日～ 令和４年 ３月31日

第3表

週間サービス計画表

作成年月日　令和3年　9月　15日

利用者名　佐藤　清　殿

令和3年　10月分より

		月	火	水	木	金	土	日	主な日常生活上の活動
深夜	4:00								
早朝	6:00								
									起床
		血糖値測定、インスリン自己注射見守り	血糖値測定、インスリン自己注射見守り	血糖値測定、インスリン自己注射見守り	血糖値測定、インスリン自己注射見守り	血糖値測定、インスリン自己注射見守り	血糖値測定、インスリン自己注射見守り	血糖値測定、インスリン自己注射見守り	血糖値測定・インスリン自己注射
									廊下を歩行
午前	8:00	朝食提供・服薬見守り	朝食提供・服薬見守り	朝食提供・服薬見守り	朝食提供・服薬見守り	朝食提供・服薬見守り	朝食提供・服薬見守り	朝食提供・服薬見守り	朝食・服薬・整容
									廊下を歩行
									体操
	10:00	お茶提供	お茶提供	お茶提供	お茶提供	お茶提供	お茶提供	お茶提供	お茶（10時）
									廊下を歩行
午後	12:00	昼食提供	昼食提供	昼食提供	昼食提供	昼食提供	昼食提供	昼食提供	昼食・口腔ケア
									廊下を歩行
	14:00								
									レクリエーション
		おやつ提供							
		居室清掃 リネン交換	おやつ提供	おやつ提供	おやつ提供	おやつ提供	おやつ提供	おやつ提供	おやつ・お茶
	16:00								体重測定・記録（月・水・金）
			入浴介助		入浴介助		入浴介助		入浴
									体操
									廊下を歩行
夜間	18:00	夕食提供・服薬見守り	夕食提供・服薬見守り	夕食提供・服薬見守り	夕食提供・服薬見守り	夕食提供・服薬見守り	夕食提供・服薬見守り	夕食提供・服薬見守り	夕食・服薬・口腔ケア
									廊下を歩行
	20:00								
									就寝
深夜	22:00								
									（夜間はトイレ２回ほど）
	24:00 2:00 4:00								

週単位以外のサービス	・訪問診療・居宅療養管理指導　〇〇クリニック　月２回　第２・４木曜日 ・訪問理美容　第２日曜日

第4章

施設ケアプランの基本的なルールと考え方

1 ルールとは

第２章・第３章では、施設ケアプランの書き方について解説してきましたが、ここでは、施設ケアプラン全体にかかわるルールについて解説していきます。

ルールとは、物事のやり方や内容を定めたものです。「施設ケアプランの書き方」は、前述してきたとおり基本的には「介護サービス計画書の様式及び課題分析標準項目の提示について」という通知に則って、進められてきました。

ただ、そもそも「施設ケアプランの作成」は、もう少し大きな視点で考えると、施設ケアマネジメントの一過程であるため、施設ケアマネジメントのルールを示した国の告示「指定介護老人福祉施設の人員、設備及び運営に関する基準」（以下、老福基準）や通知「指定介護老人福祉施設の人員、設備及び運営に関する基準について」（以下、老福通知）等をふまえて行われていることが前提です。

本章では、施設ケアプランにかかわる施設ケアマネジメントのルールを確認しつつ、そのなかで明確にされていないことや改めて押さえておきたいことなどを、解説、提案していきます。ただし、ここで提案するものは、必ずしも全国で一律に行われるべきものではなく（いわゆるローカルルールを含みます）、それぞれのケアマネジャー、各保険者等が判断して、参照してください。

※ 2021 年２月時点の法制度の内容を掲載しています。

2 施設ケアプランに関するルールと考え方

1 課題分析（アセスメント）に関するルール

まず、課題分析にかかわる運営基準を確認します。介護老人福祉施設（以下、特別養護老人ホーム）については、老福基準第 12 条第 3 項・第 4 項です（介護老人保健施設については、介護老人保健施設の人員、施設及び設備並びに運営に関する基準（以下、老健基準）第 14 条第 3 項・第 4 項、特定施設入居者生活介護（以下、介護付き有料老人ホーム）については、指定居宅サービス等の事業の人員、設備及び運営に関する基準（以下、居宅基準）第 184 条第 2 項)。なお、認知症対応型共同生活介護（以下、グループホーム）については、「解決すべき課題の把握」の規定はありません。

上記の基準では、課題分析の実施とその留意点が定められていますが、具体的にどのように実施するかまでは明示されていない部分もあります。その明示されていない部分におけるルール等も含めて解説します。

老福基準第 12 条第 3 項（課題分析の実施）

計画担当介護支援専門員は、施設サービス計画の作成に当たっては、適切な方法により、入所者について、その有する能力、その置かれている環境等の評価を通じて入所者が現に抱える問題点を明らかにし、入所者が自立した日常生活を営むことができるように支援する上で解決すべき課題を把握しなければならない。

老福基準第 12 条第 4 項（課題分析における留意点）

計画担当介護支援専門員は、前項に規定する解決すべき課題の把握（以下「アセスメント」という。）に当たっては、入所者及びその家族に面接して行わなければならない。この場合において、計画担当介護支援専門員は、面接の趣旨を入所者及びその家族に対して十分に説明し、理解を得なければならない。

表　法令にもとづく課題分析に関する各施設の違い

施設種別	課題分析の内容・方法		
	解決すべき課題の把握	入所者及び家族への面接	入所者及び家族への面接の趣旨の説明
介護老人福祉施設	○	○	○
介護老人保健施設	○	○	○
認知症対応型共同生活介護	×（規定なし）	×	×
特定施設入居者生活介護	○	×	×

□課題分析表を使用する際には、厚生労働省が示す課題分析標準項目（23 項目）を網羅します。

解説：課題分析を行うにあたっては、厚生労働省が示す課題分析標準項目（23 項目）を網羅していることが必須です。そのうえで追加項目等があることは問題ありません。

むしろ、ケアマネジャーの力量や得手不得手も加味し、不得意分野のアセスメントを漏らさず、質を担保するためにも課題分析項目にプラスアルファで項目を設けることは意味のある判断だと思います。

また、使用している課題分析表の項目（内容）を時々見直す（確認する）ことも大切です。世の中も高齢者の暮らしも価値観も著しく変化しています。点検をせず、帳票類を固定化していると時に「現状にマッチしないもの」となっている危険性を秘めています。使用しているソフト等に搭載されている内容も含めて、常に最適化を考えてください。

□課題分析は、ケアマネジャーが行います。

解説：課題分析は、ケアマネジメントの重要なプロセスの 1 つであることはいうまでもありません。そのプロセスの中心者はケアマネジャーです。ですから、入居者と直接面接をしながらも、施設に従事する他職種（介護職・看護職・リハビリテーション職・栄養士等）と協働し、より重層的なアセスメントを行うことが求められます。

□課題分析は、入居日までに行います。

解説：（新規の場合）最低でも入居日（サービス開始日）までには、ケアプランの説明・同意・交付が必要であることを踏まえてアセスメントを行います。具体的には、前入居者の退居から新入居者の入居までの時間がない（2～3日で入居する）という現実も加味して、行動のルールを検討することが必要です。

例：入居までの時間がないときのアセスメントのタイミングと方法（新規）

案　入居が本決まりになる前に入居者の居場所を訪問してアセスメントを行い、入居が本決まりの時点で「電話連絡等を行い、面接日後の変化を聴き取り、把握し、必要に応じて直接会って面接する」など。

□課題分析は、入居者に直接面接して行います。

解説：課題分析は、入居者及びその家族に面接して行わなければなりません。書類や電話のやりとりで済ませてしまうのでなく、直接対面し、信頼関係、協働関係を構築していくことが重要です。なお、家族への面接は、テレビ電話等の通信機器等の活用により行われるものも含みます。

2 施設ケアプラン原案の作成に関するルール

施設ケアプランの原案には、入居者や家族の意向、援助方針、ニーズに加え、各種サービスにかかる目標を具体的に設定し、記載する必要があります。まずは、施設ケアプラン原案にかかわる運営基準を確認します。老福基準第12条第5項を以下に示します(介護老人保健施設の場合、老健基準第14条第5項、介護付き有料老人ホームの場合、居宅基準第184条第3項)。なお、グループホームについては「原案」の規定はありません。

第2章の「書き方」でも解説した内容とも関係するので、併せて確認してください。

老福基準第12条第5項（施設サービス計画原案の作成）

計画担当介護支援専門員は、入所者の希望及び入所者についてのアセスメントの結果に基づき、入所者の家族の希望を勘案して、入所者及びその家族の生活に対する意向、総合的な援助の方針、生活全般の解決すべき課題、指定介護福祉施設サービスの目標及びその達成時期、指定介護福祉施設サービスの内容、指定介護福祉施設サービスを提供する上での留意事項等を記載した施設サービス計画の原案を作成しなければならない。

①入居者及びその家族の生活に対する意向のルール

□具体的な意向を引き出します。

解説：入居者の状況にもよりますし、新規利用か継続利用かによっても、その意向には違いがあるかもしれません。しかし、大切なことは「具体的に聞くこと」です。

ケアプラン点検では、「今までどおりでよい」「ここで元気に暮らしていきたい」「これまでできていたことができたらいい」というような、抽象的でありがちな内容であることが多いです。

「今までどおり」であれば、何が今までどおりがいいのか、「元気に暮らす」とは、どのような状態を元気だと思うのか、「これまでできていたことができたら」については、「これまで」とは具体的に「いつまで」、「どこまで」できることを指しているのか、ということです。

つまり、一歩深堀りした内容であり、ケアマネジャーの質問力が大切となります。

この考え方は、家族に対しても同様です。

□認知症等の場合でも、本人の意思を尊重できるよう努めます。

解説：時に「認知症だから意向を確認しなかった」ということを耳にします。認知症だと「聞いても明解な回答がないから、聞くまでもない」ということなのでしょうか。認知症＝理解できない人、なのでしょうか。おそらく多くの人は違うと気づいていることと思います。

聞いてみたけれど明解な回答が得られなかったという事実と、そもそも認知症だから聞かなかったという事実は、似て非なるものではないでしょうか。仮に回答が明確ではないにしろ、その言動のなかからくみ取る努力が求められることを忘れないようにしてください（ただし、くみ取ったものを記載すればよいということではありません）。

②目標のルール

□施設ケアプラン作成時に現状から改善が見込まれる場合（入居者の命や生活が脅かされている状況から回復が見込まれる場合や、サービスを活用することで本人等がもつ残存能力を活かし改善の変化が予測される場合）、長期目標・短期目標を設定します。

解説：課題分析の結果、サービスやサポートを活用することで「改善が予測される」場合には、長期目標・短期目標を設定します（現状どおり）。

□施設ケアプラン作成時に現状を維持することが見込まれる場合（改善は難しいが、施設サービスを利用することで状態が維持できており、サービスの利用を中止することで悪化が予測される場合）、新規の際は、長期目標・短期目標を設定します。

解説：課題分析の結果、サービスやサポートを活用することで「利用者の能力（ADL 等）が改善されることは難しいが、生活ニーズには対応でき、維持ができる」場合には、長期目標・短期目標を設定します（現状どおり）。

■施設ケアプラン作成時に現状を維持することが見込まれる場合（改善は難しいが、施設サービスを利用することで状態が維持できており、サービスの利用を中止することで悪化が予測される場合）、更新の際は、以下の条件のとき、長期目標の設定のみでも問題ありません。

・新規計画作成からおおむね１年以上が経過していて、実践結果に基づき、その先１年間の入居者の状況の安定が予測できると判断した場合。

・新規計画からおおむね１年以上が経過していて、実践結果に基づき、ニーズと要介護状態区分に変更がない場合。

解説：本ルールは、オリジナルな提案です。サービスを活用することで入居者の生活や心身状況が一定期間安定している場合には、長期目標のみでも可能です。何年にもわたり同じ状況が維持され、かつ介護度の変化もない入居者に対して、サービスを継続することで現状を維持できると判断することは少なくありません。しかし、施設ケアプランの見直しをすると「改めて長期目標・短期目標」を設定する必要があります。ニーズに変化がなく、長期目標もこれまでの結果からも変化がないにもかかわらず、短期目標を「設定しなくてはいけない」という考えから、形骸化していることに気づいているけれど、何とか言葉を選び、または、以前と同じ文章を使いまわし、やむを得ず表記していることがあります。長期目標を達成するためのニーズや状況が何年も変わらないという状況下においては長期目標のみの設定が現実的かつ有効ではないでしょうか。もちろん、長期目標を実現するための段階的な目標が必要な場合は短期目標の設定を行います。

ただし、新規の場合には、必ず長期目標、短期目標を設定するようにしましょう。また、本ルールを適用するときに注意すべきなのは「期間設定」です。次に示す期間設定のルールとも併せて考えましょう。

□目標の期間は、入居者の状態に応じて設定することが必要です（目標期間は画一的に６か月、３か月と定めがあるわけではなく、長期目標期間３年、短期目標期間 1.5 年とすることも可能です）。

解説：目標期間は本来入居者のニーズや目標を鑑みて、達成（実現）できることを見込んで定めるものです。ですので、画一的に期間を決める必要はありません。もちろん、目標期間の長短にかかわらず、要介護認定の有効期間ごとの施設ケアプランの見直しや、個々に定めた短期目標期間終了時の目標に対する評価は必要です。

■新規の施設ケアプラン作成においては、原則長期目標期間を 12 か月（１年以内も可）と設定します。

解説：本ルールは、オリジナルな提案です。目標の期間は「認定の有効期間」を考慮して設定します。

要介護認定の有効期間について、介護保険制定当時は、新規申請では原則６

か月、更新申請の要支援から要支援もしくは要介護から要介護の場合では原則12か月、更新申請の要支援から要介護もしくは要介護から要支援では原則6か月でした。ですから、少なくとも1年ごとに施設ケアプランは必然的に見直されていました（ただし、更新申請の要介護から要介護の設定可能な認定有効期間の範囲は3～24か月）。しかし、現在は原則として新規申請の場合は6か月、更新申請の場合は12か月とされているものの認定可能な有効期間の範囲として、新規申請で最大12か月、更新申請で最大36か月（令和3年4月より48か月となる予定）となっており、新規申請でのケアプラン立案では12か月の長期目標期間、更新申請にいたっては36か月（3年）の長期目標期間の設定が可能です。12か月や36か月の設定が、利用者の状態に応じたものなら問題ありませんが、単に制度上認められているから、という理由では問題です。

例えば、長期目標期間が36か月、短期目標期間が6か月の設定で、長期目標が「体重が56kgまで増えるようにする」だとします。その場合、短期目標は、長期目標の段階的な到達点であるため、6か月ごとに短期目標を51kg、52kg、53kg…のように小刻みに更新していく必要があるという不自然な目標設定となってしまいます（これは目標設定のルールp.115とも関連します）。

一番大切なのは、入居者の生活全般の解決すべき課題（ニーズ）に合わせた目標期間設定をすることですが、特に新規の場合は、その後の状態が維持されるのか、改善するのかを見込むことも難しいため、まずは12か月以内に設定し、ケアプランの見直しを確実に行っていくことが必要なのではないでしょうか。

【イメージ図】

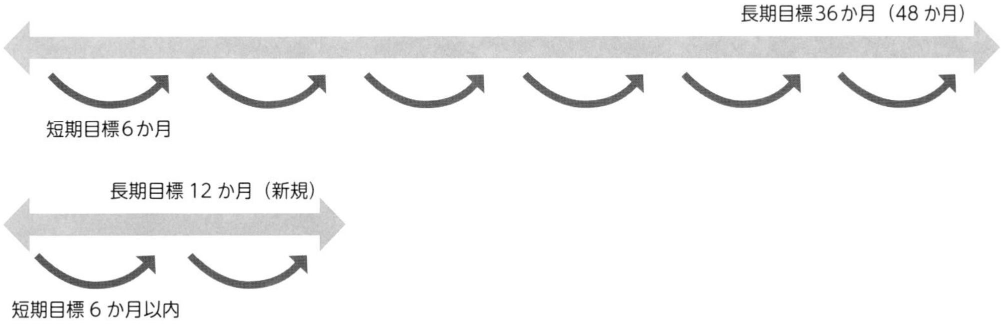

□短期目標の期間は、認定の有効期間を考慮し、第 2 表の「援助内容」の期間と同一期間とします。

解説：援助内容の「期間」は、「サービス内容」に掲げたサービスをどの程度の「期間」にわたり実施するかを記載します。「サービス内容」に掲げたサービスは長期目標を到達するために段階的に設定した短期目標を達成するための手段ですので、短期目標の期間と同一期間になります（p.56 参照）。

□新規のケアプラン作成において、有効期間の終了までがおおむね 3 か月未満である場合には、入居者の状況をふまえ、場合により短期目標の設定を行わない場合もあります。

解説：仮に新規ケアプラン立案時に期間が 3 か月と短い場合においても、短期目標を 1.5 か月で設定するなどしていました。しかし、入居者の状況等をふまえた期間設定とは言い難い場合においては、必ずしも短期目標を設定することをせず、次期計画において目標設定を再考することが可能です。また、有効期間終了までの期間が短い場合の長期目標期間は、有効期間終了までの残りの期間を設定します。

3 サービス担当者会議等による専門的意見の聴取に関するルール

サービス担当者会議については、グループホームと介護付き有料老人ホームには運営基準上規定がありませんが、効果的かつ実現可能な質の高い施設サービス計画とするため、医師、生活相談員、介護職、看護職、機能訓練指導員、栄養士等他職種からの意見を求め、調整を図ることは重要です。老福基準第 12 条第 6 項（老健では、老健基準第 14 条第 6 項）を確認します。

老福基準第 12 条第 6 項（サービス担当者会議等による専門的意見の聴取）

計画担当介護支援専門員は、サービス担当者会議（入所者に対する指定介護福祉施設サービスの提供に当たる他の担当者（以下この条において「担当者」という。）を招集して行う会議（テレビ電話装置等を活用して行うことができるものとする。ただし、入所者又はその家族（以下この号において「入所者等」という。）が参加する場合にあっては、テレビ電話装置等の活用について当該入所者等の同意を得なければならない。）をいう。以下同じ。）の開催、担当者に対する照会等により、当該施設サービス計画の原案の内容について、担当者から、専門的な見地からの意見を求めるものとする。

□サービス担当者会議には入居者及び家族が参加できるよう配慮します。

解説：施設ケアプランは入居者自身のものであり、入居者が目指すべき目標を記した正式書類です。その観点にたったとき、サービス担当者会議に本人及び家族が不在であることに違和感がありませんか。確かにサービス担当者会議では、ケアプラン原案に対して専門的見地から意見を得ることも重要です。しかし、それと同じく、ケアプランの主役（当事者）である本人（家族）の出席により、意向を確認することも求められます。会議の方法や時間帯、曜日や場所などを検討しつつ、施設では入居者本人とサポートする専門職が基本的には同一の建物にいるという強みを活かした工夫が必要です。

入居者だけでなく家族の参加が促進されることも決してマイナスではありません。施設入居後においても家族の存在は入居者にとって替え難い大切な存在であり、同様に家族にとっても入居者は替え難い大切な存在です。両者が支援の方向性を検討する場に参加することは、それぞれにとって大きな意味があります。

家族の参加促進には、「事前」に「計画的」に行うことが求められます。少なくとも通常の施設ケアプランの見直しであれば、1 か月以上前から計画することも可能です。ケアプラン点検等を通じて「家族の参加が得られにくいので、電話で説明する」という話も聴きますが、時間帯等も 1 か月以上前から検討していれば調整もしやすくなるでしょう。

なお、指定居宅介護支援等の事業の人員及び運営に関する基準第 13 条第 9 号には、サービス担当者会議は「利用者及びその家族の参加を基本」とすることが規定されています。

4 施設ケアプランの説明・同意・交付に関するルール

説明・同意・交付にかかわる老福基準第12条第7項、第8項（介護老人保健施設では、老健基準第14条第7項、第8項、グループホームでは指定地域密着型サービスの事業の人員、設備及び運営に関する基準（以下、地密基準）第98条第4項、第5項、介護付き有料老人ホームでは、居宅基準第184条第4項、第5項）を確認します。

ケアプランは入居者の希望を尊重して作成しなければならないため、説明・同意・交付は非常に重要なケアマネジメントプロセスです。居宅介護支援事業では、減算の対象になるほどのものです。また、ケアプランに関することだけでなく、常に入居者等に対して、丁寧な説明をし、同意を得ることはケアマネジャーの必須事項といえます。

なお、説明・同意・交付等において書面で行うことが規定、想定されているものについて相手方の承諾を得たうえで電磁的な対応とすることができるようになります。

老福基準第12条第7項（施設サービス計画原案の説明及び同意）

計画担当介護支援専門員は、施設サービス計画の原案の内容について入所者又はその家族に対して説明し、文書により入所者の同意を得なければならない。

老福基準第12条第8項（施設サービス計画の交付）

計画担当介護支援専門員は、施設サービス計画を作成した際には、当該施設サービス計画を入所者に交付しなければならない。

☐第1表の施設ケアプランの作成日と入居者等の同意日（標準様式にはありませんが、現場でよく使われている様式にあります）は必ずしも同日とは限りません。

解説：施設ケアプランの作成日とはケアマネジャー（計画担当介護支援専門員）が作成した日であり、必ずしも入居者等に同意を得る日とは限りませんので、無理に合わせる必要はありません。作成日と同意日は正確に記載します。

☐途中から新たなニーズが生じ、サービスを追加する場合、第1表の同意欄（標準様式にはありませんが、現場でよく使われている様式にはあります）には、途中から追加したサービスへの同意と同意日を新たに記入してもらうようにします（あとから追加した経過がわかるようにします）。

解説：新しいサービスを追加する場合、同意欄を最新の同意日に塗り替えてしまうと、施設ケアプラン作成当初に設定した第２表の短期目標期間及び援助内容の期間に記載されているサービスの期間との齟齬が生じます。それを避けるために、第２表の短期目標期間と援助内容の期間を最新の日付に合わせて修正している場合もあるかもしれませんが、それは実際にサービスを提供している期間とは異なるため、望ましいとはいえません。同意欄に新たに追加するようにしましょう。なお、ソフトの影響で自動的に同意日が更新されてしまう場合には、手書きでもよいので、経過がわかるように記載しておきましょう。

例：第１表の同意（様式の下部）
令和３年５月１日より、新たなニーズ（解決すべき課題）に対応するため嚥下リハビリテーションを活用することに同意します。山田　マルオ
(４月29日に電話で説明し、メールのやりとりにおいて同意の確認をしたことを支援経過記録へ記載済)

□施設ケアプランの説明・同意・交付は、施設サービス開始前までに行います。

解説：施設ケアプランの説明・同意・交付日について、施設サービス開始後の日付であることがあります。大原則として、施設サービス開始日前までに交付を行うようにしてください。開始後の説明・同意・交付は、厳密にいうと「入居者の同意のないままにケアプランが立案・実行されていること」になります。また、説明・同意・交付が行われていない期間はケアプランがないものとして、サービス利用の費用は入居者の全額自己負担となりますので留意してください。
施設サービスを中止する場合にも、施設サービスを新規で追加するときと同様にサービス担当者会議を開催し、専門的見地から意見を聴取し、施設ケアプランに対して入居者への説明・同意・交付が必要になります。

□交付した施設ケアプランは２年間保存します。

解説：交付した施設ケアプランは、２年間保存しておかなければならないと定められています（老福基準第37条第２項、老健基準第38条第２項、地密基準第36条第２項、居宅基準第191条の３第２項）。

5 施設ケアプランの実施状況等の把握及び評価等（モニタリング）に関するルール

施設ケアプラン作成後、入居者の解決すべき課題の変化に留意することが重要です。入居者、家族、サービス担当者等と連絡、連携を密にし、実施状況を把握しなければなりません。モニタリングに関する老福基準第12条第9項、第10項（老健基準第14条第9項、第10項、地密基準第98条第6項、居宅基準第184条第6項）を確認したうえで、ルールを解説します。なお、グループホーム、介護付き有料老人ホームについては、具体的なモニタリングの実施方法について規定はありません。

老福基準第12条第9項（施設サービス計画の実施状況等の把握及び評価等）

計画担当介護支援専門員は、施設サービス計画の作成後、施設サービス計画の実施状況の把握（入所者についての継続的なアセスメントを含む。）を行い、必要に応じて施設サービス計画の変更を行うものとする。

老福基準第12条第10項（モニタリングの実施）

計画担当介護支援専門員は、前項に規定する実施状況の把握（以下「モニタリング」という。）に当たっては、入所者及びその家族並びに担当者との連絡を継続的に行うこととし、特段の事情のない限り、次に定めるところにより行わなければならない。

一　定期的に入所者に面接すること。

二　定期的にモニタリングの結果を記録すること。

□チーム力（専門職が同一建物にいる利点）を活かします。

解説：モニタリングを定期的に行う際にケアマネジャーだけで行うのではなく、他職種からの評価を聴取する等して、「チームモニタリング機能」を発揮してください。評価の精度や質を高めることとなります。ただし、ほかの専門職に評価を依頼し、ケアマネジャーは何もしないということのないように注意してください。

□モニタリングを入居者の状況及び目標の内容等を加味して、実施します。

解説：居宅介護支援の運営基準では、少なくとも月1回以上モニタリングを行うことが義務づけられていますが、施設の運営基準では「定期的」という文言であり、「定期的」の具体的な頻度の指定などはありません。画一的なルールをつくることも1つの考え方ですが、入居者の状況や目標の内容等により判断・決定することも

1つの方法といえます。実際、何人（上限100人）の入居者を担当しているか、といった量と質の問題も併せて検討・判断が必要だと考えます。

□短期目標の終了月には、「評価」を行います。その内容は、短期目標に対する達成状況を踏まえ、ニーズの変化、目標の見直しの必要性を評価します。また、ほかの専門職からも「短期目標に対する専門職としての評価」を得るようにします。

解説：ケアプラン点検において数多く目にするのが、短期目標の評価月にもかかわらず、モニタリングと何ら変わらず、短期目標に対しての評価が不十分な状況です（もちろん、モニタリング時にも、単なる数値の評価でなく、そのときの状況やその状況に対するケアマネジャーの判断を明記することは必要です）。実際には、短期目標の期間を更新し、それを軽微な変更として事務的に取り扱っていることが多いようですが、それでは、目標指向型の支援もチームケアも入居者の自立も十分とはいえません。

短期目標の評価の際には、短期目標の達成状況を確認し、入居者の状態や環境の変化、ニーズの変化等がないかなど検討します。同時に、チームとしての方針を再考するうえでも、サービス事業所からの評価を得るようにし、評価結果を共有することが大切です。

□短期目標の評価については、評価結果を入居者及び家族と共有します。

解説：短期目標の評価の共有について、ケアプラン点検で確認すると「今までと同じでよいですか」「特に変わりはないですか」というような取るに足りないやりとりで終わらせていたり、評価内容の説明や共有をしていなかったりすることが見受けられます。

短期目標は、入居者自身がサービスを受けつつ目指す目標であるため、その当事者である入居者と評価を共有することは必須です。また、入居者及び家族と共有することで、ともに現状に対する認識を一致させることが大切です。

短期目標の評価を共有した結果、長期目標についても再設定が必要と思われる場合は、長期目標の見直し、評価も行います。

□長期目標期間が終了する月には、長期目標に対する評価を踏まえ、再度、必要に応じて課題分析を実施します。

解説：長期目標に対する期間終了時には、目標に対する評価を行うとともに、必要に応じて課題分析を実施してください。要介護更新認定の有効期間が 36 か月（48 か月）という入居者が増加したことで、長期目標期間を 36 か月（48 か月）に設定している施設ケアプランが多くなりました。適切な期間設定をすることは前提ですが、設定期間内に入居者の状況や環境、介護力等が変化していることは多いため、再度、丁寧に入居者の状況を総合的にとらえられるように心がけてください。

Column

施設ケアマネジメントに物申す！

2000 年にスタートした介護保険制度。2021 年は介護報酬改定と運営基準改正が行われます。居宅ケアマネジメントでは、逓減性や特定事業所加算、サービス割合の説明義務等について変更がなされます。しかし、施設ケアマネジメントは、「制度施行から 20 年、運営基準にほとんど変化なし」がリアルな事実です。

- 人員基準「100 対 1（100 またはその端数を増すごとに 1 を標準とする）」が妥当であるか、見直しませんか？
- 施設ケアマネジメント単独での介護報酬は、必要ないですか？

その他、現状の施設ケアマネジメントについて推進・見直し・変更・中止などさまざまな意見があるのではないでしょうか。もっともっと議論して、提言（提案）に結びつけていきましょう。

〔参加しませんか？　個人で学べる【未来塾】合同会社「介護の未来」(kaigonomirai.net)〕

6 施設ケアプランの変更に関するルール

施設ケアプランを変更する際には、原則としてケアマネジメントプロセスの一連の業務を行うことが求められます（入所者の希望による軽微な変更を行う場合は、この必要はないとされています）。変更に関する老福基準第 12 条第 11 項、第 12 項（老健基準第 14 条第 11 項、第 12 項、地密基準第 98 条第 7 項、居宅基準第 184 条第 7 項）を確認したうえで、ルールを解説します。

老福基準第 12 条第 11 項（施設サービス計画の変更）

計画担当介護支援専門員は、次に掲げる場合においては、サービス担当者会議の開催、担当者に対する照会等により、施設サービス計画の変更の必要性について、担当者から、専門的な見地からの意見を求めるものとする。

一　入所者が法第 28 条第 2 項に規定する要介護更新認定を受けた場合

二　入所者が法第 29 条第 1 項に規定する要介護状態区分の変更の認定を受けた場合

老福基準第 12 条第 12 項（施設サービス計画の変更の準用）

第 2 項から第 8 項までの規定は、第 9 項に規定する施設サービス計画の変更について準用する。

□要介護認定更新時のサービス担当者会議の開催による施設ケアプラン変更の必要性の協議の前提として、長期目標の評価を実施します。

解説：入居者を含めたチームは目標に向かってきたわけですから、その結果を明らかにせずに、次の計画が何となくスタートすることは目標指向型という考え方に反したものとなります。目標に対する評価を実施し、見直しを行うことが望ましいです。

□要介護認定更新時の施設ケアプランの見直しに対して、目標に対する評価や課題分析等の実施、サービス担当者会議の開催の結果、施設ケアプランを変更する際に、入居者及び家族への説明・同意・交付を行います。

解説：ケアプランを見直した結果、サービス内容を変更する際には、入居者への説明・同意・交付を行います。

第5章

今後の施設ケアプランの提案

ここまで、ケアプラン点検事業等からみえてきた施設ケアプランの書き方や取扱いについての悩みなど釈然としていなかったようなことを、厚生労働省の通知等をふまえつつ、できるだけ明確にできるように解説してきました。

本章では、「今まであったものをわかりやすくする」だけでなく、「よりよいものを新しくつくる」という視点で、一歩踏み込んだケアプランの書き方（様式）を提案したいと思います。本章で紹介する内容は必ずしも今すぐに活用するものではないかもしれませんが、よりよいケアプランを作成するためのアイデアとしてご理解ください。

本章で紹介するオリジナル様式（第１表～第３表の帳票）は、合同会社「介護の未来」のホームページよりダウンロードすることができます。下記のパスワードをご入力のうえ、ダウンロードし、ぜひご活用ください。

HP：合同会社「介護の未来」（kaigonomirai.net）
パスワード：5151mirai4165（こいこい　未来　よい老後）

1 今後の施設ケアプランの提案 ――オリジナル様式

多くの事業所が、国の通知「介護サービス計画書の様式及び課題分析標準項目の提示について（平成 11 年 11 月 12 日）」で示された、標準様式を使用しています。

では、標準様式を変更することはいけないことかというと、そんなことはありません。今利用している、第 1 表の様式に「入居者の同意欄」がありませんか。これは標準様式にはないものですが、多くのケアマネジャーが活用しています。初めてその提案をしたのは、NPO 法人（現・一般社団法人）神奈川県介護支援専門員協会でした（2003（平成 15）年 6 月に『現場直送　ケアマネジメント実践マニュアル ―― ケアマネジャー必携の書』として発行）。その後も、「オリジナル様式から考えるケアマネジメント実践マニュアル（居宅編・施設編）」として、現場発で様式の提案をしてきた歴史があります。

また、当該通知において、標準様式は「介護サービス計画の適切な作成等を担保すべく標準例として提示するものであり、当該様式以外の様式等の使用を拘束する趣旨のものではない」ことも示されています。

以上を踏まえ、ここではケアプラン点検からみえてきた課題を改善し、また、制度の変化に応じた取り組みの推進を図るために、標準様式をベースにしつつ、新たな様式（第 1 表から第 3 表）とその運用方法を提案します。

1 第１表　施設サービス計画書（1）

基本は、国の標準様式をベースにしていますが主な特徴は以下のとおりです。

1）管理者名（施設長名）の記入欄

入居者は、ケアマネジャー個人と契約しているわけでなく、施設と契約を結んでいます。管理者が、一元的に管理していることがわかるように、第１表に管理者名を明記するようにしました。

2）前回の要介護度欄

ケアマネジャーにとっても入居者等にとっても「変遷」は重要です。介護保険においては、要介護度は全国共通の物差しですので、１つの事実として、前回の要介護度を明記できるようにしました。

3）本人（入居者）と家族に分けた意向欄

「利用者及び家族の生活に対する意向」を本人欄と家族欄に分けたことで「見やすさ」が増すようにしました。誰の意向であるかがよりわかりやすくなります。

4）本人（入居者）の同意欄

ケアプランの内容について説明を受けて同意した事実を明確に示すために、本人（入居者）の同意欄を設けています。また、その同意した年月日を記入する欄も設けています。

第1表

施設サービス計画書（1）

作成年月日　　　年　　月　　日

初回・紹介・継続　　認定済・申請中

利用者名　　　　　　殿　　生年月日　　　年　　月　　日　　住所

施設サービス計画作成者氏名及び職種

1)

管理者名	

施設サービス計画作成介護保険施設名及び所在地

施設サービス計画作成（変更）日　　　年　　月　　日　　初回施設サービス計画作成日　　　年　　月　　日

認定日　　　年　　月　　日　　認定の有効期間　　　年　　月　　日 ～　　　年　　月　　日

2)

要介護状態区分	要介護１　・　要介護２　・　要介護３　・　要介護４　・　要介護５	前回の介護度	要介護（　　　）

3)

生活に対する 本人の意向	
生活に対する 家族の意向	
介護認定審査会の意見及び サービスの種類の指定	
総合的な 援助の方針	

4)

施設サービス計画書について、介護支援専門員より説明を受け、同意し、施設サービス計画書を受領しました。	説明・同意・受領日	年　　月　　日
	入居者署名	

代筆

2 第２表　施設サービス計画書（2）

基本は、国の標準様式をベースにしていますが主な特徴は以下のとおりです。

1）生活全般の解決すべき課題に対する解決後の状況の表記欄（改善・維持）

ニーズを解決するための目標を立案する際には、大きく分けると現在の状況を「改善できる」「維持することができる」という判断があります。その判断を明記することで、より目標への方向性を明確化し、課題の優先順位の設定もしやすくなります。

2）改善すると判断した短期目標の期間の段階的な表記欄

標準様式では、長期目標期間に対して、１つの短期目標期間が設定されています。しかし、改善を目指す場合には、長期目標にたどり着く段階的な到達点は１つかといわれるとそうではない場合が多々あります。

そのことを踏まえ、仮に長期目標の期間を 12 か月と設定し、短期目標を３か月後の状態像・６か月後の状態像（長期目標 24 か月の場合、短期目標は６か月後の状態像・12 か月後の状態像）と２期間に設定し、長期目標の実現を図るという形にします。段階が細かくなることで目標指向が高まることが期待されます。

なお、例えば、短期目標期間を計６か月とした場合、はじめの３か月は次の目標に向けた通過点というとらえ方をしますので、はじめの３か月終了時の評価についてはモニタリングと同様（計画の見直しは不要）に取り扱います。この場合、短期目標期間は計６か月と設定しているため、６か月終了時点でニーズや目標・サービス内容等に変化がないか等を評価して通常どおりの然るべき対応をしてください。

3）サービス内容内の「本人や家族がしていること等」欄

サービス内容として介護保険サービス以外の家族等によるインフォーマルサポートや入居者がしていることやできていること（セルフケア）を記入する欄を設けました。入居者の生活をより総合的にとらえていることがわかりますし、記入漏れを防ぎます。

4）目標評価に対する説明、同意欄

当事者である入居者と目標の評価を共有することは必須です。実際に評価・共有をしている事実を明確にするため、説明・同意欄を設けました。より適切なケアマネジメントの遂行記録としての効果もあります。

第2表　　　　# 施設サービス計画書（2）

作成年月日　　　　年　　月　　日

利用者名　　　　　　　殿

1)　2)　3)

	生活全般の解決すべき課題（ニーズ）	生活の目標					支援内容			
		長期目標	（期間）	短期目標	（番号）	（期間）	サービス内容	担当者	頻度	期間
改善					①		（本人や家族がしていること等）			
維持					②		（本人や家族がしていること等）			
改善					③		（本人や家族がしていること等）			
維持					④		（本人や家族がしていること等）			
改善					⑤		（本人や家族がしていること等）			
維持					⑥		（本人や家族がしていること等）			

4)

目標評価	短期目標番号【　　　　】 評価日　　年　月　日 同意日　　年　月　日	介護支援専門員から結果の説明を受け、内容に同意しました　（軽微な変更　可　否　）	氏名
	短期目標番号【　　　　】 評価日　　年　月　日 同意日　　年　月　日	介護支援専門員から結果の説明を受け、内容に同意しました　（軽微な変更　可　否　）	氏名

3 第３表　週間サービス計画表

基本は、国の標準様式をベースにしていますが主な特徴は以下のとおりです。

1) 主な日常生活上の活動の追記日欄

初回の面接で「主な日常生活上の活動」を十分に把握できなかった場合に、後から把握し、追記することができるようにしました。その場合には、追記内容と追記日に同意を得ます。手書きでの追記も問題ありません。内容にもよりますが、軽微な変更としての取扱いも可能とします。

新規契約にあたり課題分析を行うための面接をする場合には、制度の説明、施設サービスの説明、重要事項や契約という行為が同時に行われ、さらに課題分析から課題の抽出、入居者の意向等を加味したサービス（支援内容）や頻度等の相談（調整）が行われます。そのため、初回面接では詳細まで聞き取る時間がなく、全体的な状況とニーズ把握のためのアセスメントが中心となり､第３表の主な日常生活上の活動が未記載である、食事しか記載されていないということが多くあります。

ケアマネジャーがこの欄を不要と考えているというよりは、初回面接で聞き取りができなかったことによる記載不備であることが多いため、主な日常生活上の活動をケアプランの同意後に追記することを推奨します。また、初回面接時は入居前の自宅等での生活状況であるため、入居後の施設での暮らしに対して、具体的な生活上の活動を把握し、「その人の暮らしに合わせたケアマネジメント」を展開するほうが望ましいのではないでしょうか。

第3表

週間サービス計画表

作成年月日　　年　月　日

利用者名　　　殿

年　月分より

		月	火	水	木	金	土	日	主な日常生活上の活動
深夜	4:00								
早朝	6:00								
午前	8:00								
	10:00								
午後	12:00								
	14:00								
	16:00								
夜間	18:00								
	20:00								
深夜	22:00								
	24:00								
	2:00								
	4:00								

週単位以外のサービス	

1) 主な日常生活上の活動の追記日（軽微な変更）　年　月　日
（同意者）氏名

2 オリジナル様式を活用した記載事例

歩行状態の安定と強化で、自宅での生活につなげる

女性（80 代）、右大腿骨頸部骨折、要介護 1

・自宅で転倒。骨折（右大腿骨頸部骨折）により一時的に ADL が低下。

・介護老人保健施設で生活サポートとリハビリテーションを行いながら、自宅での生活につなげる。自宅での生活のポイントは歩行状態と家事（洗濯・掃除等）ができるようになることである。

第1表

施設サービス計画書（1）

作成年月日　2021 年　3 月 25 日

（初回）・紹介・継続　　（認定済）・申請中

利用者名　須山　花　殿　　生年月日　1940 年　5 月　1 日　　住所　〇〇県〇〇市△△

施設サービス計画作成者氏名及び職種　福岡　海　介護支援専門員

施設サービス計画作成介護保険施設名及び所在地　〇〇県〇〇市□□丁目・介護老人保健施設ぷりん　　管理者名　山田　まり子

施設サービス計画作成（変更）日　2021 年　3 月 25 日　　初回施設サービス計画作成日　2021 年　3 月 25 日

認定日　2021 年　3 月　1 日　　認定の有効期間　2021 年　3 月　3 日　～　2022 年　2 月 28 日

要介護状態区分	（要介護 1）・要介護 2・要介護 3・要介護 4・要介護 5　　前回の介護度　要介護（　　）
生活に対する本人の意向	入院前のように自分で家事（掃除・洗濯・買い物・調理）ができるようになりたい。 足腰の衰えと歩くときの怖さも実感しているので、歩行訓練ができるようなリハビリテーションをしたい。
生活に対する家族の意向	（長女）入院により少し弱気になっている面もありますが、もし、自宅に帰れたならば、週に 1 ～ 2 回は自宅に訪問して家事の手伝いをします。 （長女）以前は、月 1 回、母と日帰り温泉に行っていましたので、足腰を強くして自宅に戻り、また、温泉に一緒に行きたい。それが母娘の目標です。
介護認定審査会の意見及びサービスの種類の指定	記載なし。
総合的な援助の方針	2021 年 2 月 2 日に自宅で転ばれ、右大腿骨頸部骨折をされました。それにより、足腰が少し弱くなりました。 サポートチームは、歩行状態の安定と強化を図ることで、入院前に行っていた家事能力（第一段階として掃除・洗濯）をとり戻すことを第一に支援します。 歩行・家事の状況を見ながら自宅での生活へ復帰することを相談しましょう。 その先に、長女さんと日帰り温泉に行けるように回復することを目指していきたいと思います。

施設サービス計画書について、介護支援専門員より説明を受け、同意し、施設サービス計画書を受領しました。	説明・同意・受領日	2021 年　3 月 28 日
	入居者署名	須山　花

代筆　須山　空（長男）

第2表

施設サービス計画書（2）

作成年月日　2021年　3月　25日

利用者名　須山　花　殿

	生活上の課題（ニーズ）	生活の目標 長期目標	（期間）	短期目標	（番号）	（期間）	支援内容 サービス内容	担当者	頻度	期間
改善	歩行時にふらつくことがあるが、家事ができるようになりたい。	家事（掃除・洗濯）が自分でできていること。	2021年3月28日～2022年2月28日	居室内の掃除が自分でできていること。	①	2021年3月28日～2021年6月30日	①一緒に居室の掃除を行います。 (本人や家族がしていること等) ②テーブルを拭きます。	①介護職員 本人 ②本人	①週2回（火・木） ②毎食後	2021年3月28日～2021年6月30日
維持				洗濯が自分でできていること。	②	2021年7月1日～2021年9月30日	①一緒に洗濯物を居室内に干します。 (本人や家族がしていること等) ②洗濯機に衣類を入れ、スイッチを押します。	①介護職員 本人 ②本人	①週2回（火・木） ②週2回（火・木）	2021年7月1日～2021年9月30日
改善	歩行時にふらつくことがあり恐怖心がありますが、転ばずに生活をしたい。	転ばずに生活を送れていること。	2021年3月28日～2022年2月28日	屋内を歩行器を使用して、自力で移動できていること。	③	2021年3月28日～2021年6月30日	①歩行訓練（屋内・屋外）をします。 (本人や家族がしていること等) ②食後にスクワットを30回します。	①理学療法士 ②本人	①週2回（月・水） ②毎食後	2021年3月28日～2021年6月30日
維持				1階から2階の階段の昇り降りができていること。	④	2021年7月1日～2021年9月30日	①階段昇降訓練をします。	①理学療法士	①週2回（月・水）	2021年7月1日～2021年9月30日
改善 維持	重いもの（食料品等）を持って歩くことが現時点では難しい状態ですが、買い物に行けるようになりたい。	施設からバス等を使用して日用品の買い物に行けるようになること。	2021年3月28日～2022年2月28日	300m先のスーパーマーケットまで歩いて行けていること。	⑤	2021年3月28日～2021年9月30日	(本人や家族がしていること等) ①一緒に○○スーパーマーケットまで買い物に行きます。 ②○○スーパーマーケットのなかはカートを使用して歩きます。	①長女（凪紗さん） ②本人	①② 週1～2回（水・土）	2021年3月28日～2021年9月30日

目標評価			
	短期目標番号【 ① ③ 】 評価日　2021年　6月22日 同意日　2021年　6月22日	介護支援専門員から結果の説明を受け、内容に同意しました　（軽微な変更　㊁可　否　）	氏名　須山　花
	短期目標番号【 ②④⑤ 】 評価日　2021年　9月25日 同意日　2021年　9月25日	介護支援専門員から結果の説明を受け、内容に同意しました　（軽微な変更　㊁可　否　）	氏名　須山　花

第3表

週間サービス計画表

作成年月日　2021年　3月　25日

利用者名　須山　花　殿

2021年　3月分より

		月	火	水	木	金	土	日	主な日常生活上の活動
深夜	4:00								
早朝	6:00								
									朝食（7：00～）
午前	8:00								掃除（食器洗い・テーブル拭き）
				買い物（長女様） 9：00～10：00					体操（スクワットを30回）
	10:00		生活訓練（掃除等） 10：00～11：00		生活訓練（掃除等） 10：00～11：00				洗濯（洗濯機をまわす）火・木
午後	12:00								
									昼食（13：00～）
									掃除（食器洗い・テーブル拭き）
	14:00	リハビリテーション 14：00～15：00		リハビリテーション 14：00～15：00					体操（スクワットを30回）
							買い物（長女様） 15：00～16：00		昼寝（1時間） （読書・テレビを観る等）
	16:00								
夜間	18:00								
									夕食（19：00～）
	20:00								掃除（食器洗い・テーブル拭き）
									体操（スクワットを30回）
深夜	22:00								就寝（22：00）
	24:00								（夜間、トイレに1～2回は起きる）
	2:00								
	4:00								

週単位以外のサービス	△△整形外科通院（3か月に1回・長女様付添）

主な日常生活上の活動の追記日（軽微な変更）　2021年　4月　25日
（同意者）氏名　須山　花（署名）

おわりに

1998年に初めて介護支援専門員実務研修受講試験が実施されました。施行当初は、とにかく介護支援専門員（ケアマネジャー）という新しい役割に注目が集まりました。そして、20年以上の時を刻み、市民の多くから「ケアマネさん」と呼ばれるようになり、その認知度は飛躍的に上がりました。その結果をもたらしたのは、現任のケアマネジャーのたゆまぬ努力の積み重ねであったと、ケアマネジャーのみなさんは誇りにしてほしいと思います。

本書をつくるきっかけはさまざまありますが、最大の理由は「施設ケアマネジャーの力になりたい」という気持ちでした。この約20年、本当に数多くの施設ケアマネジャーとかかわってきたつもりです。そのなかで、数多くの現実を目の当たりにしてきました。例えば、施設ケアマネジャーの絶対数の少なさからくる注目度の低さ、研修の少なさ、施設内での少数の職種であるがゆえの苦労や悩み、人員基準（100対1）からくる物理的な時間の不足、兼務職が優位であるためケアマネジメントに十分に時間を割けない等、まだまだ言い足りないリアルがあると思います。

本書をみなさんにご覧いただき、ひとまず「専門家にバトンを渡す」という最低限の役目を終えたいと思います。もし、参考になるようなら参考にしていただき、その先の進化もともに考えながら、変化を恐れず未来へ向けて前進するケアマネジメントであってほしいと思います。本書は、2020年4月に出版した「文例・事例でわかる　居宅ケアプランの書き方 ―― 具体的な表現のヒント」に続き、施設編という形で作成させていただきました。しかし、居宅編とは違う、施設ならではの状況について本気で、本音でふれさせていただけたように思います。

また、ケアマネジメントで重要なことの1つに「チーム」があります。本書については居宅編に続き、同じ「チーム」で制作に臨みました。同時に、未来塾メンバーのなかの施設ケアマネジャーの多くが事例提出の手を挙げてくれたことが嬉しかったです。そして、中央法規出版の小宮さん、相変わらずの冷静な判断をしてくれて心からありがとう。牛山さん、初の単著から成長著しい能力を存分に発揮してくれて心からありがとう。弊社社員である横山・石井の両名にも多忙ななかでの多大な協力に感謝しています。

最後に私にこの本を書くきっかけをくれたすべての施設ケアマネジャーに心から感謝します。そして、私の師である故齋藤学さんに本書を捧げます。

さて、施設編の約束は果たすことができました。私は次のテーマに向かいます。みなさん、また、お会いしましょう。

2021年3月

著者紹介

阿部　充宏
（合同会社介護の未来　代表）

社会福祉法人に25年勤務し、法人事業部長や特別養護老人ホーム施設長を経て、2015年10月より現職。2016年よりケアプラン点検事業の業務委託を受け、2021年現在、神奈川県内7保険者、その他の県3保険者から委託を受けている。年間350人以上のケアマネジャーと面談方式でケアプラン点検を実施している。また、指定市町村事務受託法人（照会等事務）として、実地指導を保険者の委託により行っている。さらに、【未来塾】を主宰し、個人でも学べるセミナーや被災地活動を行っている（2021年3月現在　会員1200人）。その他、一般社団法人神奈川県介護支援専門員協会元理事長（現相談役）。保有資格は、社会福祉士・介護福祉士・介護支援専門員。

主な著書として、『オリジナル様式から考えるケアマネジメント実践マニュアル（居宅編・施設編・介護予防編）』（中央法規出版）、『ケアマネジャー試験過去問一問一答パーフェクトガイド』（中央法規出版）、『文例・事例でわかる　居宅ケアプランの書き方 ―― 具体的な表現のヒント』（中央法規出版）、その他雑誌掲載等多数。

事例提供協力者

・荒井幸浩
・井口健一郎
・石井真由美
・尾﨑友倫子
・佐藤亮一
・島内菊恵
・山崎理恵
・横山まり子　　（五十音順・敬称略）

文例・事例でわかる　施設ケアプランの書き方
具体的な表現のヒント

2021年4月15日　初　版　発　行
2024年2月10日　初版第4刷発行

著　者……………………阿部 充宏

発行者……………………荘村 明彦

発行所……………………中央法規出版株式会社

〒110-0016　東京都台東区台東3-29-1　中央法規ビル
TEL 03-6387-3196
https://www.chuohoki.co.jp/

印刷・製本………………新津印刷株式会社

装幀・本文デザイン……株式会社ジャパンマテリアル

ISBN978-4-8058-8289-4